DR. OETKER
KÄSEKUCHEN

DR. OETKER
KÄSEKUCHEN

Weltbild

ALLGEMEINE HINWEISE ZU DEN REZEPTEN

Lesen Sie vor der Zubereitung – besser noch vor dem Einkauf – das Rezept einfach einmal vollständig durch. Aus dem Zusammenhang werden die Zubereitungs-Schritte deutlicher und verständlicher.

ARBEITSSCHRITTE

Die Zutaten sind in der Reihenfolge ihrer Verarbeitung aufgeführt. Jeder Arbeitsschritt ist einzeln hervorgehoben und extra nummeriert. So haben wir die Rezepte für Sie auch entwickelt und ausprobiert.

ZUBEREITUNGSZEIT UND BACKZEIT

Die angegebene Zubereitungszeit schließt die Dauer der Vorbereitung und die eigentliche Zubereitung mit ein. Sie ist ein Anhaltswert und kann je nach individuellem Geschick oder Übung natürlich ein wenig variieren. Längere Wartezeiten, wie zum Beispiel Kühl- oder Abkühlzeiten oder auch Auftauzeiten sind in der Regel nicht in der Zubereitungszeit enthalten. Einzige Ausnahme: In dieser Zeit sind parallel andere Arbeitsschritte zu tun. Die Backzeiten sind gesondert ausgewiesen.

BACKOFENEINSTELLUNG UND BACKZEITEN

Die in den Rezepten angegebenen Backtemperaturen und Backzeiten sind Richtwerte, die je nach individueller Hitzeleistung Ihres Backofens über- oder unterschritten werden können. Prüfen Sie nach Beendigung der angegebenen Backzeit, ob das Gebäck gar ist. Die Temperaturangaben in diesem Buch beziehen sich auf Elektrobacköfen. Die Temperatur-Einstellungsmöglichkeiten für Gasbacköfen variieren je nach Hersteller, sodass wir keine allgemeingültigen Angaben machen können. Bitte beachten Sie deshalb bei der Einstellung des Backofens die Gebrauchsanleitung des Herstellers. Ein Backofenthermometer eignet sich dabei gut, um die Backofentemperatur im Blick zu haben.

EINSCHUBHÖHE

In den Rezepten in diesem Buch ist die Einschubhöhe immer dann die Mitte des Backofens, wenn nichts anderes angegeben ist.

HINWEISE ZU DEN NÄHRWERTEN

Bei den Nährwertangaben in den Rezepten handelt es sich um auf- bzw. abgerundete ganze Werte. Aufgrund von ständigen Rohstoffschwankungen und/oder Rezepturveränderungen bei Lebensmitteln kann es zu Abweichungen kommen. Die Nährwertangaben dienen daher lediglich Ihrer Orientierung und eignen sich nur bedingt für die Berechnung eines Diätplans.

ABKÜRZUNGEN UND SYMBOLE

EL	Esslöffel
TL	Teelöffel
Msp.	Messerspitze
Pck.	Packung/Päckchen
g	Gramm
kg	Kilogramm
ml	Milliliter
l	Liter
evtl.	eventuell
geh.	gehäuft
gestr.	gestrichen
gem.	gemahlen
ger.	gerieben
TK	Tiefkühlprodukt
°C	Grad Celsius

KALORIEN-/NÄHRWERTANGABEN

E	Eiweiß
F	Fett
Kh	Kohlenhydrate
kcal	Kilokalorie

INHALT

STREUSEL-KÄSEKUCHEN

FÜR DEN KNETTEIG:

150 g Weizenmehl
½ gestr. TL Backpulver
75 g Zucker
1 Pck. Vanillin-Zucker
1 Prise Salz
1 Ei (Größe M)
75 g Butter oder Margarine

FÜR DIE QUARKMASSE:

3 Eiweiß (Größe M)
1 Prise Salz
750 g Magerquark
200 g Schlagsahne
3 EL Zitronensaft
3 Eigelb (Größe M)
150 g Zucker
1 Pck. Pudding-Pulver
    Vanille-Geschmack

FÜR DIE STREUSEL:

100 g Weizenmehl
75 g Zucker
1 Pck. Vanillin-Zucker
75 g Butter

INSGESAMT:

E: 156 g, F: 216 g, Kh: 564 g,
kcal: 4920

ZUBEREITUNGSZEIT:

50 Minuten, ohne Abkühlzeit

BACKZEIT:

etwa 85 Minuten

1. Für den Teig Mehl mit Backpulver in einer Rührschüssel mischen. Restliche Zutaten hinzufügen und mit einem Mixer (Knethaken) zunächst kurz auf niedrigster, dann auf höchster Stufe gut durcharbeiten.

2. Anschließend auf der leicht bemehlten Arbeitsfläche kurz verkneten. Sollte er kleben, ihn in Folie gewickelt eine Zeit lang in den Kühlschrank legen.

3. Den Backofen vorheizen.
Ober-/Unterhitze: etwa 200 °C
Heißluft: etwa 180 °C

4. Dann zwei Drittel des Teiges auf dem Boden einer Springform (Ø 26 cm, gefettet) ausrollen. Teigboden mehrmals mit einer Gabel einstechen. Den Springformrand darumstellen. Die Form auf dem Rost in den vorgeheizten Backofen schieben und den Boden **etwa 10 Minuten vorbacken.**

5. Die Form auf einen Kuchenrost stellen. Den Boden etwas abkühlen lassen. Restlichen Teig zu einer Rolle formen, als Rand auf den Teigboden legen und so an die Form drücken, dass ein etwa 3 cm hoher Rand entsteht.

6. Für die Quarkmasse Eiweiß mit Salz mit einem Mixer (Rührstäbe) auf höchster Stufe steif schlagen. Der Schnee muss so fest sein, dass ein Messerschnitt sichtbar bleibt. Quark, Sahne, Zitronensaft und

Eigelb in eine andere Schüssel geben. Zucker mit Pudding-Pulver vermischen und hinzufügen. Die Zutaten mit einem Mixer (Rührstäbe) geschmeidig rühren. Eischnee unterheben.

7. Die Quarkmasse auf den vorgebackenen Boden geben und glatt streichen.

8. Für die Streusel Mehl in eine Rührschüssel geben. Zucker, Vanillin-Zucker und Butter hinzufügen. Die Zutaten mit einem Mixer (Rührstäbe) zunächst kurz auf niedrigster, dann auf höchster Stufe zu Streuseln von gewünschter Größe verarbeiten. Streusel gleichmäßig auf der Quarkmasse verteilen. Die Form wieder auf dem Rost in den vorgeheizten Backofen schieben. Den Käsekuchen **bei gleicher Backofeneinstellung in etwa 75 Minuten fertig backen.**

9. Den Kuchen nach der Backzeit noch etwa 15 Minuten bei leicht geöffneter Backofentür im ausgeschalteten Backofen stehen lassen.

10. Die Form auf einen Kuchenrost stellen. Den Kuchen etwas abkühlen lassen. Anschließend vorsichtig den Springformrand lösen und entfernen. Den Kuchen auf dem Springformboden erkalten lassen.

11. Den Kuchen vor dem Servieren vom Springformboden lösen und auf eine Tortenplatte setzen.

BELLINI-TORTE

FÜR DEN RÜHRTEIG:

125 g weiche Butter oder
    Margarine
100 g Zucker
1 Pck. Vanillin-Zucker
1 Prise Salz
2 Eier (Größe M)
150 g Weizenmehl
1 gestr. TL Backpulver

FÜR DEN BELAG:

8 Blatt weiße Gelatine
500 g abgetropfte Pfirsich-
    hälften (aus der Dose)
4 EL Pfirsichsaft
    (aus der Dose)
500 g Magerquark
75 g Zucker
3–4 EL Pfirsichlikör
2–3 EL Zitronensaft
150 ml Prosecco
200 g Schlagsahne

INSGESAMT:

E: 112 g, F: 176 g, Kh: 416 g,
kcal: 4048

ZUBEREITUNGSZEIT:

60 Minuten, ohne Kühlzeit

BACKZEIT:

etwa 25 Minuten

1. Den Backofen vorheizen.
Ober-/Unterhitze: etwa 180 °C
Heißluft: etwa 160 °C

2. Für den Teig Butter oder
Margarine in einer Rührschüssel
mit einem Mixer (Rührstäbe) auf
höchster Stufe geschmeidig rühren.
Nach und nach Zucker, Vanillin-
Zucker und Salz unterrühren. So
lange rühren, bis eine gebundene
Masse entstanden ist.

3. Die Eier nach und nach unterrühren (jedes Ei etwa ½ Minute). Das
Mehl mit Backpulver mischen und
auf mittlerer Stufe kurz unterrühren.
Den Teig in eine Springform
(Ø 26 cm, Boden gefettet) geben
und glatt streichen. Die Form auf
dem Rost in den vorgeheizten
Backofen schieben. Den Tortenboden **etwa 25 Minuten backen**.

4. Die Form auf einen Kuchenrost
stellen. Den Tortenboden etwas
abkühlen lassen. Anschließend den
Boden aus der Form lösen, auf einen
mit Backpapier belegten Kuchenrost legen und erkalten lassen.

5. Für den Belag 6 Blatt Gelatine
nach Packungsanleitung einweichen.
Von den Pfirsichhälften 2 Stück
zusammen mit 4 Esslöffeln von
dem Saft pürieren. Die restlichen
Pfirsichhälften in Spalten schneiden
und beiseitelegen.

6. Quark mit Zucker, Likör und Zitronensaft gut verrühren. Prosecco
unter die Quarkmasse rühren.

7. Gelatine leicht ausdrücken und in
einem kleinen Topf bei schwacher
Hitze unter Rühren auflösen.

8. Die aufgelöste Gelatine zunächst
mit etwa 3 Esslöffeln von der Quark-
Prosecco-Masse verrühren, dann
unter die restliche Quark-Prosecco-
Masse rühren. Die Masse in den
Kühlschrank stellen.

9. Tortenboden auf eine Tortenplatte legen. Einen Tortenring oder
den gesäuberten Springformrand
darumstellen. Die beiseitegestellten
Pfirsichspalten auf dem Tortenboden verteilen.

10. Die restliche Gelatine nach Packungsanleitung einweichen, leicht
ausdrücken und wie unter Punkt 7
beschrieben auflösen. Die aufgelöste Gelatine mit dem Pfirsichpüree
gut verrühren.

11. Sobald die Quark-Prosecco-
Masse anfängt dicklich zu werden,
Sahne steif schlagen und unterheben. Die Quark-Prosecco-Creme auf
die Pfirsichspalten geben und glatt
streichen.

12. Das Pfirsichpüree nach und
nach mit einem Löffel als „Schlie-
ren" unter die Quark-Prosecco-
Creme ziehen. Die Bellini-Torte
zugedeckt etwa 3 Stunden in den
Kühlschrank stellen.

13. Den Tortenring oder Springformrand lösen und entfernen. Die
Torte auf eine Tortenplatte setzen.

BROWNIE-CHEESECAKE

ZUM VORBEREITEN:
150 g Cashewkerne

FÜR DEN BROWNIETEIG:
180 g Zartbitter-Kuvertüre
60 g Butter oder Margarine
3 Eier (Größe M)
100 g Zucker
80 g Weizenmehl
1 TL Backpulver
50 g Semmelbrösel
50 g abgezogene, gem. Mandeln

FÜR DEN BELAG:
1 Bio-Orange
   (unbehandelt, ungewachst)
200 g Doppelrahm-Frischkäse
200 g Schmand (Sauerrahm)
50 g Puderzucker

INSGESAMT:
E: 110 g, F: 325 g, Kh: 411 g,
kcal: 5006

ZUBEREITUNGSZEIT:
40 Minuten, ohne Abkühlzeit

BACKZEIT:
etwa 15 Minuten

1. Zum Vorbereiten Cashewkerne in einer Pfanne ohne Fett leicht anrösten, auf einen Teller geben und erkalten lassen. 3 Esslöffel Cashewkerne zum Garnieren beiseitestellen. Die restlichen Nusskerne fein hacken.

2. Den Backofen vorheizen.
Ober-/Unterhitze: etwa 180 °C
Heißluft: etwa 160 °C

3. Für den Teig die Kuvertüre in Stücke brechen und mit Butter oder Margarine in einem kleinen Topf im Wasserbad bei schwacher Hitze unter Rühren schmelzen.

4. Die Eier und Zucker in eine Rührschüssel geben und mit einem Mixer (Rührstäbe) auf höchster Stufe in etwa 5 Minuten schaumig schlagen. Mehl mit Backpulver, Semmelbröseln, Mandeln und den gehackten Cashewkernen gut vermischen. Die noch warme Kuvertüre-Fett-Masse zu den Eiern geben und mit dem Schneebesen kurz unterziehen. Die Mehlmischung daraufgeben und ebenfalls mit dem Schneebesen kurz unterziehen.

5. Den Teig in eine Springform (Ø 24–26 cm, Boden gefettet, mit Backpapier belegt) füllen und glatt streichen. Die Form auf dem Rost auf mittlerer Schiene in den vorgeheizten Backofen schieben. Den Kuchen **etwa 15 Minuten backen.**

6. Die Form auf einen Kuchenrost stellen. Brownie zunächst vorsichtig vom Springformrand lösen. Dann den Springformrand entfernen und den Brownie vom Springformboden mit dem Backpapier auf einen Kuchenrost ziehen. Den Brownie vollständig erkalten lassen.

7. Für den Belag Bio-Orange heiß abspülen, trocken tupfen und halbieren. Von einer Orangenhälfte die Schale fein abreiben, von der anderen Hälfte die Schale mit einem Sparschäler oder einem Zestenreißer abschälen und für die Garnierung beiseitestellen.

8. Frischkäse (der Frischkäse sollte Zimmertemperatur haben) mit Schmand, Puderzucker und fein geriebener Orangenschale mit dem Mixer (Rührstäbe) auf mittlerer Stufe kurz glatt rühren. Die Creme auf den Brownie geben und in leichten Wellen verstreichen.

9. Den Brownie mit den restlichen Cashewkernen bestreuen und mit der Orangenschale garnieren. Den Kuchen noch etwa 30 Minuten in den Kühlschrank stellen.

CHERRY-CHEESECAKE

FÜR DEN BODEN:
200 g Haferkekse
130 g Butter

FÜR DIE FÜLLUNG:
350 g Sauerkirschen
   (aus dem Glas)
1 Pck. Pudding-Pulver
   Vanille-Geschmack
1 gestr. TL gem. Zimt
150 g Zucker
350 ml Sauerkirschsaft
   (aus dem Glas)
100 g weiße Schokolade
600 g Doppelrahm-Frischkäse
200 g Crème fraîche
3 Eier (Größe M)

INSGESAMT:
E: 118 g, F: 443 g, Kh: 499 g,
kcal: 6478

ZUBEREITUNGSZEIT:
75 Minuten, ohne Abkühlzeit

BACKZEIT:
etwa 40 Minuten

1. Für den Boden Haferkekse in einen Gefrierbeutel geben. Den Beutel fest verschließen. Die Kekse mit einer Teigrolle fein zerbröseln und in eine Rührschüssel geben. Butter zerlassen und zu den Bröseln geben. Die Brösel-Butter-Masse gut vermischen.

2. Den Bröselteig in eine Springform (Ø 22 cm, gefettet, mit Backpapier belegt) geben und mit einem Löffel fest zu einem Boden andrücken. Den Boden anschließend für mindestens 10 Minuten in den Kühlschrank stellen.

3. Den Backofen vorheizen.
Ober-/Unterhitze: etwa 180 °C
Heißluft: etwa 160 °C

4. Für die Füllung die Kirschen in einem Sieb gut abtropfen lassen. Den Saft dabei auffangen und evtl. mit Wasser auf 350 ml auffüllen. 4 Esslöffel des Pudding-Pulvers mit Zimt, 2 Esslöffeln Zucker und 3 Esslöffeln Kirschsaft verrühren. Restlichen Kirschsaft aufkochen, angerührtes Pudding-Pulver hinzufügen und unter Rühren aufkochen. Die Kirschen dazugeben und beiseitestellen.

5. Weiße Schokolade fein hacken. Frischkäse, Crème fraîche, restlichen Zucker und restliches Pudding-Pulver in eine Rührschüssel geben. Die Zutaten mit einem Mixer (Rührstäbe) auf mittlerer Stufe zu einer geschmeidigen Masse verrühren. Nach und nach die Eier unterrühren. Zuletzt die Schokolade ebenfalls kurz unterrühren.

6. Die Frischkäsemasse in die Springform füllen und glatt streichen. Die Hälfte der abgebundenen Kirschen auf der Masse verteilen. Die Springform auf dem Rost im unteren Drittel in den vorgeheizten Backofen schieben. Den Cheesecake **etwa 40 Minuten backen.**

7. Die Form auf einen Kuchenrost stellen und den Cheesecake in der Form vollständig auskühlen lassen. Anschließend vorsichtig aus der Form lösen und mindestens 4 Stunden in den Kühlschrank stellen.

8. Den Cherry-Cheesecake mit den restlichen Kirschen servieren.

TIPPS:
Die abgebundenen Kirschen abgedeckt bei Zimmertemperatur aufbewahren und nicht in den Kühlschrank stellen. Die Masse wird sonst zu fest.
Den Käsekuchen evtl. mit Puderzucker bestäuben.

ERDBEER-KÄSETORTE

FÜR DEN ALL-IN-TEIG:

30 g Weizenmehl
1 gestr. TL Backpulver
100 g Zucker
100 g gem. Haselnusskerne
3 Eier (Größe M)

FÜR DEN BELAG:

500 g Erdbeeren
1 Bio-Limette
    (unbehandelt, ungewachst)
4 Blatt weiße Gelatine
100 g Puderzucker
500 g Ricotta (ital. Frischkäse)

INSGESAMT:

E: 94 g, F: 157 g, Kh: 263 g,
kcal: 2865

ZUBEREITUNGSZEIT:

45 Minuten, ohne Kühlzeit

BACKZEIT:

etwa 25 Minuten

1. Den Backofen vorheizen.
Ober-/Unterhitze: etwa 180 °C
Heißluft: etwa 160 °C

2. Für den Teig das Mehl mit
Backpulver in einer Rührschüssel
mischen. Restliche Zutaten hinzufügen und alles mit einem Mixer
(Rührstäbe) erst kurz auf niedrigster, dann auf höchster Stufe in etwa
2 Minuten zu einem glatten Teig
verarbeiten.

3. Den Teig in eine Springform
(Ø 26 cm, Boden gefettet, mit
Backpapier belegt) füllen und glatt
streichen. Die Form auf dem Rost in
den vorgeheizten Backofen schieben. Dann den Tortenboden **etwa
25 Minuten backen**.

4. Die Form auf einen Kuchenrost
stellen. Nach etwa 10 Minuten den
Tortenboden vorsichtig aus der
Form lösen, auf einem mit Backpapier belegten Kuchenrost erkalten
lassen. Mitgebackenes Backpapier
entfernen. Tortenboden auf eine
Tortenplatte legen. Einen Tortenring oder den gesäuberten Springformrand darumstellen.

5. Für den Belag Erdbeeren
abspülen und abtropfen lassen.
100 g Erdbeeren zum Garnieren
beiseitelegen. Restliche Erdbeeren
entstielen und in kleine Stücke
schneiden. Limette heiß abspülen,
abtrocknen. Schale abreiben und
die Limette auspressen. Die Gelatine nach Packungsanleitung einweichen.

6. Puderzucker mit Ricotta und Limettenschale gut verrühren. Zuerst
etwa 4 Esslöffel der Ricotta-Masse
unter die Gelatine rühren, dann mit
der restlichen Ricotta-Masse verrühren. Die Erdbeerstücke unterheben. Die Ricotta-Erdbeer-Masse auf
den Tortenboden geben und glatt
streichen. Die Torte etwa 2 Stunden
in den Kühlschrank stellen.

7. Den Tortenring oder den
Springformrand vorsichtig lösen
und entfernen. Die beiseitegelegten
Erdbeeren halbieren und die Torte
damit garnieren.

KEY-LIME-KÄSETORTE

FÜR DEN STREUSELTEIG:

300 g Weizenmehl
50 g Zucker
1 Prise Salz
200 g kalte Butter
1 Eigelb (Größe M)

FÜR DEN BELAG:

4–5 Bio-Limetten
    (unbehandelt, ungewachst)
5 Eigelb (Größe M)
150 g Zucker
200 g Ricotta (ital. Frischkäse)
170 g Kondensmilch (10 % Fett)
1 Pck. Saucenpulver Vanille-
    Geschmack zum Kochen

1 EL weiche Butter

FÜR DIE BAISERHAUBE:

6 Eiweiß (Größe M)
1 Prise Salz
150 g feiner Zucker
1 EL Speisestärke

INSGESAMT:

E: 109 g, F: 272 g, Kh: 627 g,
kcal: 5433

ZUBEREITUNGSZEIT:

45 Minuten

BACKZEIT:

etwa 60 Minuten

1. Den Backofen vorheizen.
Ober-/Unterhitze: etwa 180 °C
Heißluft: etwa 160 °C

2. Für den Teig das Mehl in eine Rührschüssel geben. Zucker, Salz, Butter und Eigelb hinzufügen. Die Zutaten mit einem Mixer (Knethaken) zu Streuseln kneten. Die Streusel in eine Springform (Ø 26 cm, Boden gefettet, mit Backpapier belegt) geben. Aus den Streuseln einen Rand von 3 cm hochziehen. Streusel auf dem Boden und am Rand festdrücken. Die Form auf dem Rost in den vorgeheizten Backofen schieben. Den Boden **etwa 20 Minuten vorbacken.**

3. Die Form auf einen Kuchenrost stellen. Den Boden etwas abkühlen lassen.

4. Für den Belag die Limetten heiß waschen und trocken tupfen. Die Schale fein abreiben und den Saft auspressen. 125 ml Limettensaft abmessen. Eigelb und Zucker in einer Rührschüssel mit dem Mixer (Rührstäbe) in 3–4 Minuten schaumig schlagen. Ricotta, Kondensmilch, Saucenpulver und die Limettenschale unterrühren. Den Limettensaft untermischen.

5. Den Springformrand oberhalb des Streuselteiges dünn mit weicher Butter bestreichen. Die Limettencreme auf den heißen Streuselboden gießen. Die Form wieder auf dem Rost in den vorgeheizten Backofen schieben. Kuchen **bei gleicher Backofeneinstellung weitere etwa 20 Minuten backen.**

6. Für die Baiserhaube inzwischen Eiweiß mit Salz mit dem Mixer (Rührstäbe) auf höchster Stufe steif schlagen. Der Schnee muss so fest sein, dass ein Messerschnitt sichtbar bleibt. Zucker in 4–5 Minuten unterschlagen. Speisestärke kurz unterrühren.

7. Den Kuchen aus dem Backofen nehmen und **die Backofentemperatur um etwa 10 °C herunterschalten.** Dann den Eischnee esslöffelweise auf die Limettencreme geben. Die Form wieder auf dem Rost in den vorgeheizten Backofen schieben. Den Kuchen **in etwa 20 Minuten fertig backen.**

8. Die Form auf einen Kuchenrost stellen. Key-Lime-Käsetorte erkalten lassen.

RUSSISCHER ZUPFKUCHEN

FÜR DEN KNETTEIG:

300 g Weizenmehl
30 g gesiebtes Kakaopulver
2 gestr. TL Backpulver
150 g Zucker
1 Pck. Vanillin-Zucker
1 Ei (Größe M)
150 g Butter oder Margarine
(zimmerwarm)

FÜR DIE FÜLLUNG:

250 g Butter
500 g Magerquark
200 g Zucker
1 Pck. Vanillin-Zucker
3 Eier (Größe M)
1 Pck. Pudding-Pulver
Vanille-Geschmack

INSGESAMT:

E: 128 g, F: 368 g, Kh: 624 g,
kcal: 6432

ZUBEREITUNGSZEIT:

50 Minuten, ohne Abkühlzeit

BACKZEIT:

etwa 60 Minuten

1. Für den Teig Mehl mit Kakao und Backpulver in einer Rührschüssel mischen. Restliche Zutaten hinzufügen, mit einem Mixer (Knethaken) zunächst kurz auf niedrigster, dann auf höchster Stufe gut durcharbeiten.

2. Anschließend auf einer leicht bemehlten Arbeitsfläche kurz zu einem Teig verkneten. Sollte er kleben, ihn in Frischhaltefolie gewickelt eine Zeit lang in den Kühlschrank legen.

3. Für die Füllung Butter in einem Topf zerlassen und anschließend abkühlen lassen.

4. Den Backofen vorheizen.
Ober-/Unterhitze: etwa 180 °C
Heißluft: etwa 160 °C

5. Knapp die Hälfte des Teiges auf dem Boden einer Springform (Ø 26 cm, gefettet) ausrollen. Den Boden mehrmals mit einer Gabel einstechen. Den Springformrand darumstellen.

6. Vom restlichen Teig knapp die Hälfte zu einer langen Rolle formen, auf den Teigboden legen und so an die Form drücken, dass ein etwa 2 cm hoher Rand entsteht. Restlichen Teig beiseitestellen.

7. Für die Füllung Quark mit Zucker, Vanillin-Zucker, Eiern, Pudding-Pulver und der zerlassenen Butter mit einem Schneebesen zu einer glatten Masse verrühren, in die Form geben und glatt streichen.

8. Den beiseitegestellten Teig in kleine Stücke zupfen und auf der Füllung verteilen.

9. Die Form auf dem Rost in den vorgeheizten Backofen schieben. Den russischen Zupfkuchen **etwa 60 Minuten backen**.

10. Den Kuchen auf einen Kuchenrost stellen und etwa 15 Minuten in der Form abkühlen lassen. Dann mit einem Messer den Rand des Kuchens lösen und den Springformrand entfernen. Boden vom Springformboden lösen, aber den Kuchen darauf auf einem Kuchenrost erkalten lassen.

TIPPS:

Für einen leichteren Zupfkuchen können Sie die Fettmenge in der Füllung auf 150 g Butter reduzieren. Dieser beliebte Kuchen kann gut schon am Vortag zubereitet werden. Dann einfach gut zugedeckt im Kühlschrank aufbewahren. Besonders lecker ist der Kuchen, wenn er bei Zimmertemperatur genossen wird. Daher 2–3 Stunden vor dem Servieren aus dem Kühlschrank nehmen.
Wenn Sie Abwechslung mögen, geben Sie Obst (z. B. gut abgetropfte Sauerkirschen aus dem Glas) vor dem Backen auf den Teig unter die Füllung. Die Backzeit ändert sich dann nicht.

MIRABELLEN-KÄSETORTE

FÜR DEN STREUSELTEIG:
200 g Weizenmehl
2 gestr. TL Backpulver
50 g gehackte Mandeln
70 g Zucker
1 Pck. Vanillin-Zucker
1 Eigelb (Größe M)
125 g Butter oder Margarine

FÜR DIE FÜLLUNG:
1 Bio-Orange
   (unbehandelt, ungewachst)
100 g weiche Butter
150 g Zucker
500 g Speisequark
   (20 % Fett)
2 Eier (Größe M)

FÜR DEN BELAG:
500 g frische Mirabellen
1 EL Zucker

INSGESAMT:
E: 110 g, F: 265 g, Kh: 469 g,
kcal: 4778

ZUBEREITUNGSZEIT:
40 Minuten, ohne Abkühlzeit

BACKZEIT:
etwa 65 Minuten

1. Den Backofen vorheizen.
Ober-/Unterhitze: etwa 180 °C
Heißluft: etwa 160 °C

2. Für den Teig Mehl mit Backpulver in einer Rührschüssel mischen. Mandeln, Zucker, Vanillin-Zucker, Eigelb und Butter oder Margarine hinzufügen. Die Zutaten mit einem Mixer (Rührstäbe) zunächst kurz auf niedrigster, danach auf höchster Stufe zu Streuseln von gewünschter Größe verarbeiten.

3. Dann die Hälfte der Teigstreusel in eine Springform (Ø 26 cm, gefettet) geben und mit einem Löffel zu einem Boden andrücken.

4. Die Form auf dem Rost in den vorgeheizten Backofen schieben. Boden **etwa 15 Minuten vorbacken.**

5. Die Form auf einen Kuchenrost stellen. Den Boden etwas abkühlen lassen.

6. Für die Füllung Orange heiß abwaschen, trocken tupfen und die Schale abreiben. Butter und Zucker in einer Rührschüssel mit dem Mixer (Rührstäbe) geschmeidig rühren. Quark, Eier und Orangenschale unterrühren.

7. Für den Belag Mirabellen waschen, abtropfen lassen, entstielen, halbieren und entsteinen.

8. Die Quarkmasse auf den vorgebackenen Boden geben und glatt streichen. Mirabellenhälften darauflegen. Restliche Teigstreusel darauf verteilen und mit Zucker bestreuen.

9. Die Form wieder auf dem Rost in den vorgeheizten Backofen schieben. Die Mirabellen-Käsetorte **bei gleicher Backofeneinstellung in etwa 50 Minuten fertig backen.**

10. Die Form auf einen Kuchenrost stellen. Die Torte in der Form erkalten lassen. Dann aus der Form lösen und auf eine Tortenplatte setzen.

TIPP:
Sie können die Tarte auch mit 380 g Mirabellen aus dem Glas zubereiten. Dann Mirabellen abtropfen lassen und entsteinen.

ZWETSCHEN-MASCARPONE-TORTE

FÜR DEN RÜHRTEIG:

125 g Butter oder Margarine
   (zimmerwarm)
125 g Zucker
1 Pck. Vanillin-Zucker
1 Prise Salz
3 Eier (Größe M)
125 g Weizenmehl
3 gestr. TL Backpulver
2–3 EL Pflaumenlikör
   (20 Vol.-%)
24 Haselnuss-Gebäck-Kugeln

3 EL Pflaumenlikör (20 Vol.-%)

FÜR DIE ZWETSCHENCREME:

500 g Zwetschen
75 g Zucker
2 Pck. Vanillin-Zucker
1 gestr. TL gem. Zimt
5 EL Pflaumenlikör (20 Vol.-%)
2 geh. TL Speisestärke
3 EL kaltes Wasser
200 g Mascarpone

200 g Mascarpone
1 Pck. Sahnesteif
1 Pck. Vanillin-Zucker
2 EL Pflaumenlikör (20 Vol.-%)
16 Haselnuss-Gebäck-Kugeln

INSGESAMT:

E: 80 g, F: 368 g, Kh: 512 g,
kcal: 5776

ZUBEREITUNGSZEIT:

50 Minuten, ohne Kühlzeit

BACKZEIT:

etwa 30 Minuten

1. Den Backofen vorheizen.
Ober-/Unterhitze: etwa 180 °C
Heißluft: etwa 160 °C

2. Für den Teig Butter oder Margarine mit einem Mixer (Rührstäbe) auf höchster Stufe geschmeidig rühren. Nach und nach Zucker, Vanillin-Zucker und Salz unterrühren. So lange rühren, bis eine gebundene Masse entstanden ist. Eier nach und nach unterrühren (jedes Ei etwa ½ Minute).

3. Mehl mit Backpulver mischen, abwechselnd mit dem Likör auf mittlerer Stufe unterrühren. Den Teig in eine Springform (Ø 26 cm, Boden gefettet, mit Backpapier belegt) füllen und glatt streichen. Gebäckkugeln tief in den Teig drücken. Die Form auf dem Rost in den vorgeheizten Backofen schieben. Den Gebäckboden **etwa 30 Minuten backen.**

4. Den Gebäckboden aus der Form lösen und auf einen mit Backpapier belegten Kuchenrost stürzen. Mitgebackenes Backpapier abziehen. Gebäckboden erkalten lassen, auf eine Platte legen und mit Likör beträufeln. Einen Tortenring darumstellen.

5. Für die Zwetschencreme die Zwetschen abspülen, gut trocken tupfen, halbieren, entsteinen. Etwa 12 Zwetschenhälften zum Garnieren beiseitelegen. Restliche Zwetschen pürieren, mit Zucker, Vanillin-Zucker, Zimt und Likör verrühren und

in einen Topf füllen. Speisestärke mit Wasser anrühren. Zwetschenpüree unter Rühren aufkochen lassen. Die angerührte Speisestärke unter das Zwetschenpüree rühren und unter Rühren etwa ½ Minute kochen lassen. Zwetschenpüree abkühlen lassen und in den Kühlschrank stellen.

6. Mascarpone in einer Schüssel aufschlagen, das Zwetschenpüree unterheben. Die Zwetschencreme auf den Gebäckboden geben und glatt streichen. Die Zwetschen-Mascarpone-Torte etwa 1 Stunde in den Kühlschrank stellen. Tortenring lösen und entfernen.

7. Den Mascarpone mit Sahnesteif und Vanillin-Zucker aufschlagen. Likör unterziehen. Den Tortenrand mit der Hälfte der Mascaponecreme bestreichen und mithilfe eines Tortengarnierkammes verzieren. Restliche Mascaponecreme in einen Spritzbeutel mit kleiner Sterntülle (Ø etwa 5 mm) geben. Den Tortenoberflächenrand damit verzieren. Die Torte mit den beiseitegelegten Zwetschenhälften und Gebäckkugeln garnieren.

CRANBERRY-CHEESECAKE

FÜR DEN TEIG:

150 g Weizenmehl
75 g Zucker, 1 Prise Salz
1 Eigelb (Größe M)
100 g Butter (zimmerwarm)

FÜR DAS KOMPOTT:

680 g frische Cranberrys
160 g Kristallzucker

FÜR DEN BELAG:

500 g Mascarpone
400 g Schmand (Sauerrahm)
250 g Crème fraîche
4 Eier, 1 Eiweiß (Größe M)
1 Pck. Vanillin-Zucker
170 g Puderzucker
1 geh. EL Speisestärke
Schale & Saft von 1 Bio-Zitrone
    (unbehandelt, ungewachst)
300 g Schlagsahne
    (mind. 30 % Fett)

4 Blatt weiße Gelatine
400 g Schlagsahne
    (mind. 30 % Fett)
500 g Magerquark
1 Pck. Bourbon-Vanille-Zucker
70 g Kristallzucker

INSGESAMT:

E: 176 g, F: 720 g, Kh: 784 g,
kcal: 10288

ZUBEREITUNGSZEIT:

60 Minuten, ohne Kühlzeit

BACKZEIT:

etwa 2 Stunden 10 Minuten

1. Den Backofen vorheizen.
Ober-/Unterhitze: etwa 180 °C
Heißluft: etwa 160 °C

2. Für den Teig das Mehl in eine Rührschüssel geben. Restliche Zutaten hinzugeben, mit einem Mixer (Knethaken) auf höchster Stufe zu feinen Streuseln verarbeiten. Streusel in einer Springform (Ø 28 cm, mit Backpapier belegt) verteilen, mit einem Löffel zu einem Boden andrücken. Form auf dem Rost in den vorgeheizten Backofen schieben. Boden **etwa 18 Minuten vorbacken.**

3. Dann die Form auf einen Kuchenrost stellen, Boden erkalten lassen. **Backofentemperatur um etwa 40 °C herunterschalten.**

4. Für das Kompott Cranberrys verlesen, abspülen, abtropfen lassen, mit Zucker und 2 Esslöffeln Wasser zum Kochen bringen, bei starker Hitze unter Rühren 3–4 Minuten kochen. Kompott erkalten lassen.

5. Für den Belag die Zutaten bis auf die Sahne in einer Rührschüssel mit dem Mixer (Rührstäbe) glatt rühren. Sahne steif schlagen und unterheben. Creme auf dem Boden verstreichen. Ein Drittel des Kompotts darauf verteilen. Form auf dem Backblech in den vorgeheizten Backofen schieben. Cheesecake **in etwa 1 Stunde 50 Minuten fertig backen.**

6. Die Form auf einen Kuchenrost stellen. Cheesecake 30 Minuten abkühlen lassen, dann mindestens 4 Stunden in den Kühlschrank stellen.

7. Gelatine nach Packungsanleitung einweichen. Sahne steif schlagen. Quark mit Vanille-Zucker und Zucker verrühren. Gelatine ausdrücken, in einem kleinen Topf unter Rühren auflösen. Gelatine unter den Quark rühren, Sahne unterheben. Restliches Kompott unterziehen.

8. Die Creme auf dem Cheesecake wolkenartig verstreichen. Cheesecake 2 Stunden in den Kühlschrank stellen. Dann den Cheesecake aus der Form lösen und servieren.

TIPP:

Nach Belieben den Cranberry-Cheesecake vor dem Servieren mit 20 g Zartbitter-Schokoladenraspeln bestreuen.

KÄSEKUCHEN MIT SAUERKIRSCHEN

FÜR DIE QUARKMASSE:

7 Eiweiß (Größe M)
150 g Zucker
500 g Magerquark
500 g Crème fraîche
100 g Zucker
7 Eigelb (Größe M)
100 g Rosinen
80 g Weichweizengrieß
1 Pck. Bourbon-Vanille-Zucker
350 g Sauerkirschen
   (aus dem Glas)

INSGESAMT:

E: 142 g, F: 198 g, Kh: 478 g,
kcal: 4349

ZUBEREITUNGSZEIT:

30 Minuten

BACKZEIT:

etwa 45 Minuten

1. Den Backofen vorheizen. Ober-/Unterhitze: etwa 200 °C

2. Für die Quarkmasse zunächst Eiweiß mit Zucker in eine Rührschüssel geben und mit einem Mixer (Rührstäbe) auf höchster Stufe steif schlagen. Der Schnee muss so fest sein, dass ein Messerschnitt sichtbar bleibt.

3. In einer anderen Schüssel Quark, Crème fraîche, Zucker, Eigelb, Rosinen, Grieß und Vanille-Zucker mit einem Schneebesen verrühren. Den Eischnee portionsweise unter die Quarkmasse heben.

4. Die Sauerkirschen in ein Sieb geben und abtropfen lassen. Die Hälfte der Quarkmasse in eine Springform (Ø 28 cm, Boden gefettet, mit Backpapier belegt) geben und glatt streichen. Die Sauerkirschen darauf verteilen. Restliche Quarkmasse daraufgeben und glatt streichen.

5. Die Form auf dem Rost auf der mittleren Einschubleiste in den vorgeheizten Backofen schieben. Den Kuchen **etwa 25 Minuten backen.** Dann **die Backofentemperatur um etwa 50 °C herunterschalten** und den Kuchen **weitere etwa 20 Minuten backen.**

6. Den Kuchen auf einen Kuchenrost stellen und in der Form erkalten lassen.

TIPPS:

Mit Heißluft funktioniert es nicht. Statt der Sauerkirschen Mandarinen verwenden.

PFIRSICH-KÄSEKUCHEN MIT SCHMAND

FÜR DEN KNETTEIG:

150 g Weizenmehl
1 Msp. Backpulver
50 g Zucker
1 Pck. Vanillin-Zucker
1 Ei (Größe M)
65 g Butter oder Margarine

FÜR DEN BELAG:

650 g Pfirsiche (etwa 4 Stück)
2 Pck. Pudding-Pulver
    Vanille-Geschmack
100 g Zucker
500 ml Milch
250 g Schmand (Sauerrahm)
250 g Speisequark (20 % Fett)

INSGESAMT:

E: 82 g, F: 146 g, Kh: 425 g,
kcal: 3359

ZUBEREITUNGSZEIT:

40 Minuten, ohne Abkühlzeit

BACKZEIT:

etwa 75 Minuten

1. Den Backofen vorheizen.
Ober-/Unterhitze: etwa 200 °C
Heißluft: etwa 180 °C

2. Für den Teig Mehl mit Backpulver in einer Rührschüssel mischen. Restliche Zutaten hinzufügen und mit einem Mixer (Knethaken) zunächst kurz auf niedrigster, dann auf höchster Stufe gut durcharbeiten. Den Teig auf der leicht bemehlten Arbeitsfläche kurz verkneten. Sollte er kleben, ihn in Folie gewickelt eine Zeit lang in den Kühlschrank legen.

3. Zwei Drittel des Teiges auf dem Boden einer Springform (Ø 26 cm, gefettet) ausrollen. Den Springformrand darumstellen. Die Form auf dem Rost in den vorgeheizten Backofen schieben. Den Boden **etwa 15 Minuten vorbacken.**

4. Die Form auf einen Kuchenrost stellen. Den Boden etwas abkühlen lassen. Die **Backofentemperatur um etwa 20 °C herunterschalten.**

5. Für den Belag Pfirsiche kurz in kochendes Wasser legen (nicht kochen lassen) und in kaltem Wasser abschrecken. Pfirsiche enthäuten, halbieren, entsteinen und in Spalten schneiden.

6. Restlichen Teig zu einer langen Rolle formen, auf den vorgebackenen Boden legen und so an die Form drücken, dass ein etwa 3 cm hoher Rand entsteht. Pfirsichspalten auf den vorgebackenen Boden legen.

7. Einen Pudding aus Pudding-Pulver, Zucker und Milch nach Packungsanleitung (aber mit den hier angegebenen Zutaten) zubereiten. Den Topf von der Kochstelle nehmen. Schmand und Quark unterrühren. Die Puddingmasse auf den Pfirsichspalten verteilen. Die Form wieder auf dem Rost in den vorgeheizten Backofen schieben. Kuchen **in etwa 60 Minuten fertig backen.**

8. Die Form auf einen Kuchenrost stellen. Den Kuchen in der Form etwa 2 Stunden abkühlen lassen. Anschließend aus der Form lösen und auf einem Kuchenrost erkalten lassen.

KÄSE-SAHNE-TORTE

FÜR DEN RÜHRTEIG:

150 g weiche Butter oder
    Margarine
150 g Zucker
1 Pck. Vanillin-Zucker
1 Prise Salz
3 Eier (Größe M)
150 g Weizenmehl
1 gestr. TL Backpulver

FÜR DIE FÜLLUNG:

8 Blatt weiße Gelatine
750 g Magerquark
150 g Zucker
1 Pck. Vanillin-Zucker
100 ml Zitronensaft
1 Pck. Geriebene Zitronenschale
400 g Schlagsahne
    (mind. 30 % Fett)

ZUM BESTÄUBEN:

etwas Puderzucker

INSGESAMT:

E: 156 g, F: 276 g, Kh: 468 g,
kcal: 5064

ZUBEREITUNGSZEIT:

45 Minuten, ohne Kühlzeit

BACKZEIT:

25–30 Minuten

1. Den Backofen vorheizen.
Ober-/Unterhitze: etwa 180 °C
Heißluft: etwa 160 °C

2. Für den Teig Butter oder Margarine mit einem Mixer (Rührstäbe)
auf höchster Stufe geschmeidig
rühren. Nach und nach Zucker, Vanillin-Zucker und Salz unterrühren.
So lange rühren, bis eine gebundene
Masse entstanden ist.

3. Die Eier nach und nach unterrühren (jedes Ei etwa ½ Minute). Das
Mehl mit Backpulver mischen und
auf mittlerer Stufe kurz unterrühren. Den Teig in eine Springform
(Ø 26 cm, Boden gefettet) füllen und
glatt streichen. Die Form auf dem
Rost in den vorgeheizten Backofen schieben. Den Tortenboden
25–30 Minuten backen.

4. Die Form auf einen Kuchenrost
stellen. Den Tortenboden etwas abkühlen lassen. Dann vorsichtig aus
der Form lösen und auf einem mit
Backpapier belegten Kuchenrost
erkalten lassen.

5. Den Tortenboden mit einem
Sägemesser einmal waagerecht
durchschneiden. Den unteren
Boden auf eine Tortenplatte legen.
Einen Tortenring oder den gesäuberten Springformrand darumstellen.

6. Für die Füllung Gelatine nach
Packungsanleitung einweichen.
Quark mit Zucker, Vanillin-Zucker,
Zitronensaft und -schale zu einer
geschmeidigen Masse verrühren.
Sahne steif schlagen. Gelatine leicht
ausdrücken und in einem kleinen
Topf bei schwacher Hitze unter
Rühren auflösen.

7. Gelatine zunächst mit 4 Esslöffeln von der Quarkmasse verrühren,
dann unter die restliche Quarkmasse rühren. Sahne kurz unterrühren.
Die Quark-Sahne-Creme auf dem
unteren Tortenboden verstreichen.

8. Dann den oberen Tortenboden
in 12 Tortenstücke schneiden. Die
Stücke auf die Creme legen und
leicht andrücken. Die Torte mindestens 3 Stunden in den Kühlschrank
stellen.

9. Den Tortenring oder den Springformrand vorsichtig lösen und entfernen. Die Torte vor dem Servieren
mit Puderzucker bestäuben.

TIPP:

Die Torte gut gekühlt servieren.

ZWEIFARBIGE KÄSE-SAHNE-TORTE

FÜR DEN ALL-IN-TEIG:

175 g Weizenmehl
3 gestr. TL Backpulver
175 g weiche Butter oder
    Margarine
175 g Zucker
1 Pck. Vanillin-Zucker
3 Eier (Größe M)
2 EL Orangensaft oder Wasser

FÜR DIE CREME:

8 Blatt weiße Gelatine
750 g Magerquark
1 Pck. Geriebene Zitronenschale
75 g Zucker
1 Pck. Vanillin-Zucker
240 g Aprikosenhälften
    (aus der Dose)
250 g Himbeeren
400 g Schlagsahne
    (mind. 30 % Fett)

ZUM BESTÄUBEN:

etwas Puderzucker

INSGESAMT:

E: 168 g, F: 295 g, Kh: 499 g,
kcal: 5376

ZUBEREITUNGSZEIT:

50 Minuten, ohne Kühlzeit

BACKZEIT:

etwa 30 Minuten

1. Den Backofen vorheizen.
Ober-/Unterhitze: etwa 180 °C
Heißluft: etwa 160 °C

2. Für den Teig das Mehl mit Backpulver in einer Rührschüssel mischen. Restliche Zutaten hinzufügen und alles mit einem Mixer (Rührstäbe) erst kurz auf niedrigster, dann auf höchster Stufe in etwa 2 Minuten zu einem glatten Teig verarbeiten.

3. Den Teig in eine Springform (Ø 26 cm, Boden gefettet, mit Backpapier belegt) füllen und anschließend glatt streichen. Die Form auf dem Rost in den vorgeheizten Backofen schieben. Den Gebäckboden **etwa 30 Minuten backen.**

4. Boden aus der Form lösen, auf einen mit Backpapier belegten Kuchenrost stürzen und erkalten lassen. Mitgebackenes Backpapier abziehen. Den Gebäckboden zweimal waagerecht durchschneiden.

5. Für die Creme die Gelatine nach Packungsanleitung einweichen. Quark mit Zitronenschale, Zucker und Vanillin-Zucker verrühren.

6. Die Gelatine leicht ausdrücken und in einem kleinen Topf unter Rühren auflösen.

7. Die Gelatine mit 2–3 Esslöffeln von der Quarkmasse verrühren, dann unter die restliche Quarkmasse rühren.

8. Die Aprikosenhälften in einem Sieb gut abtropfen lassen. Himbeeren verlesen. Aprikosenhälften und Himbeeren voneinander getrennt fein pürieren. Die Quarkmasse halbieren. Unter jede Hälfte eine Sorte Fruchtpüree rühren.

9. Sahne steif schlagen und halbieren. Jeweils eine Sahneportion unter eine der beiden Quark-Frucht-Sorten heben.

10. Den unteren Gebäckboden auf eine Tortenplatte legen. Einen Tortenring oder den gesäuberten Springformrand darumstellen.

11. Die Himbeer-Quark-Creme daraufgeben und glatt streichen. Den mittleren Boden darauflegen. Die Aprikosen-Quark-Creme darauf verteilen und mit dem oberen Boden belegen, leicht andrücken.

12. Die Torte 2–3 Stunden in den Kühlschrank stellen. Den Tortenring oder Springformrand vorsichtig lösen und entfernen.

13. Die Torte vor dem Servieren mit Puderzucker bestäuben.

TIPPS:

Bestäuben Sie die Torte mithilfe einer Schablone und garnieren Sie die Tortenoberfläche mit Himbeeren. Um die Kerne zu entfernen, streichen Sie die Himbeeren durch ein Sieb, dann jedoch 50 g mehr Himbeeren verwenden.

KLEINER HEIDELBEER-KÄSEKUCHEN

FÜR DEN STREUSELTEIG:

60 g Weizenmehl
1 Msp. Backpulver
30 g Zucker
1 Prise Salz
½ Pck. Geriebene
    Zitronenschale
40 g Butter oder Margarine
1 EL Milch

FÜR DIE FÜLLUNG:

4 Blatt weiße Gelatine
250 g Heidelbeeren
125 g Ricotta (ital. Frischkäse)
30 g Zucker
frisch geriebene Muskatnuss
125 g Schlagsahne
    (mind. 30 % Fett)

ZUM EINSTREICHEN:

250 g Schlagsahne
    (mind. 30 % Fett)
1 Pck. Sahnesteif
1 TL Zucker

ZUM BESTÄUBEN:

frisch geriebene Muskatnuss

INSGESAMT:

E: 32 g, F: 175 g, Kh: 147 g,
kcal: 2348

ZUBEREITUNGSZEIT:

50 Minuten, ohne Kühlzeit

BACKZEIT:

etwa 15 Minuten

1. Den Backofen vorheizen.
Ober-/Unterhitze: etwa 200 °C
Heißluft: etwa 180 °C

2. Für den Teig das Mehl mit Backpulver in einer Rührschüssel mischen. Zucker, Salz, Zitronenschale, Butter oder Margarine und Milch hinzufügen. Die Zutaten mit einem Mixer (Rührstäbe) zu Streuseln verarbeiten. Anschließend die Streusel in eine Springform (Ø 18 cm, gefettet) geben und gut zu einem Boden andrücken.

3. Die Form auf dem Rost in den vorgeheizten Backofen schieben. Den Boden **etwa 15 Minuten backen**.

4. Die Form auf einen Kuchenrost stellen. Nach etwa 5 Minuten den Springformrand vorsichtig lösen und entfernen. Den Tortenboden erkalten lassen.

5. Für die Füllung Gelatine nach Packungsanleitung in kaltem Wasser einweichen. Heidelbeeren verlesen, abspülen und abtropfen lassen. Ricotta zusammen mit 150 g Heidelbeeren pürieren.

6. Die Gelatine leicht ausdrücken und in einem kleinen Topf bei schwacher Hitze unter Rühren auflösen. 3 Esslöffel Heidelbeerpüree nach und nach unterrühren. Dann die Gelatinemasse unter das restliche Püree rühren. Zucker und etwas Muskatnuss unterrühren. Die Masse in den Kühlschrank stellen.

7. Sobald die Masse anfängt dicklich zu werden, die Sahne steif schlagen und unterheben.

8. Den Tortenboden auf eine Platte legen. Den gesäuberten Springformrand oder einen Tortenring um den Tortenboden stellen. Die Heidelbeersahne einfüllen und glatt streichen. Die restlichen Heidelbeeren darauf verteilen und die Torte etwa 3 Stunden in den Kühlschrank stellen.

9. Zum Einstreichen die Sahne mit Sahnesteif und Zucker steif schlagen. Zwei Drittel der Sahne auf die Heidelbeeren geben und wellenartig verstreichen.

10. Den Tortenring oder den Springformrand vorsichtig entfernen. Die Torte mit der restlichen Sahne einstreichen. Die Torte mit etwas Muskat bestäuben.

STREUSEL-QUARK-TORTE MIT BEEREN

FÜR DEN RÜHRTEIG:

125 g weiche Butter
  oder Margarine
100 g Zucker
1 Pck. Vanillin-Zucker
3 Eier (Größe M)
250 g Weizenmehl
3 schwach geh. TL gesiebtes
  Kakaopulver
2 gestr. TL Backpulver
1 EL Milch

FÜR DIE STREUSEL:

125 g Weizenmehl
50 g Zucker
1 Pck. Vanillin-Zucker
75 g Butter oder Margarine

FÜR DIE FÜLLUNG:

6 Blatt weiße Gelatine
500 g Magerquark
3 EL Zucker
500 g Rote Grütze
  (aus dem Kühlregal)
200 g Schlagsahne
  (mind. 30 % Fett)

ZUM BESTÄUBEN:

etwas Puderzucker

INSGESAMT:

E: 144 g, F: 264 g, Kh: 624 g,
kcal: 5508

ZUBEREITUNGSZEIT:

40 Minuten, ohne Kühlzeit

BACKZEIT:

etwa 35 Minuten

1. Den Backofen vorheizen.
Ober-/Unterhitze: etwa 180 °C
Heißluft: etwa 160 °C

2. Für den Rührteig Butter oder Margarine in einer Rührschüssel mit einem Mixer (Rührstäbe) auf höchster Stufe geschmeidig rühren. Nach und nach Zucker und Vanillin-Zucker unterrühren. So lange rühren, bis eine gebundene Masse entstanden ist.

3. Die Eier nach und nach unterrühren (jedes Ei etwa ½ Minute). Mehl mit Kakao und Backpulver mischen, in 2 Portionen abwechselnd mit der Milch auf mittlerer Stufe kurz unterrühren. Den Teig in eine Springform (Ø 26 cm, Boden gefettet) geben und glatt streichen.

4. Für die Streusel Mehl in eine Rührschüssel geben. Zucker, Vanillin-Zucker und Butter oder Margarine hinzufügen. Die Zutaten mit einem Mixer (Rührstäbe) zunächst kurz auf niedrigster, dann auf höchster Stufe zu Streuseln von gewünschter Größe verarbeiten. Die Teigstreusel auf dem Rührteig verteilen. Die Form auf dem Rost in den vorgeheizten Backofen schieben und den Gebäckboden **etwa 35 Minuten backen**.

5. Die Form auf einen Kuchenrost stellen. Den Gebäckboden etwas abkühlen lassen. Anschließend aus der Form lösen, auf einen mit Backpapier belegten Kuchenrost setzen und erkalten lassen. Gebäckboden einmal waagerecht durchschneiden.

6. Für die Füllung Gelatine nach Packungsanleitung einweichen. Quark mit Zucker und Roter Grütze in einer Rührschüssel verrühren. Die Gelatine leicht ausdrücken und in einem kleinen Topf bei schwacher Hitze unter Rühren auflösen. Die aufgelöste Gelatine zunächst mit etwa 3 Esslöffeln von der Quark-Grütze-Masse verrühren, dann unter die restliche Quark-Grütze-Masse rühren. Die Masse in den Kühlschrank stellen.

7. Sobald die Quark-Grütze-Masse anfängt dicklich zu werden, Sahne steif schlagen und unterheben.

8. Den unteren Gebäckboden auf eine Tortenplatte legen, einen Tortenring oder den gesäuberten Springformrand darumstellen.

9. Die Quark-Grütze-Creme auf den Gebäckboden geben und glatt streichen. Den Streuselboden darauflegen und leicht andrücken. Die Torte zugedeckt etwa 2 Stunden in den Kühlschrank stellen.

10. Zum Bestäuben den Tortenring oder Springformrand vorsichtig lösen und entfernen. Die Torte kurz vor dem Servieren mit Puderzucker bestäuben.

LEMON-CHEESECAKE

FÜR DEN BODEN:

150 g Cantuccini
  (ital. Mandelgebäck)
100 g Butter

FÜR DIE FÜLLUNG:

1 Bio-Zitrone
  (unbehandelt, ungewachst)
4 Eiweiß (Größe M)
150 g Zucker
1 Prise Salz
750 g Ricotta (ital. Frischkäse)
4 Eigelb (Größe M)

FÜR DEN BELAG:

2–3 Bio-Zitronen
  (unbehandelt, ungewachst)
100 g Puderzucker
50 ml Wasser

INSGESAMT:

E: 116 g, F: 241 g, Kh: 375 g,
kcal: 4163

ZUBEREITUNGSZEIT:

50 Minuten, ohne Kühlzeit

BACKZEIT:

etwa 30 Minuten

1. Für den Boden Cantuccini in einen Gefrierbeutel geben. Den Beutel fest verschließen. Die Kekse mit einer Teigrolle fein zerbröseln und in eine Rührschüssel geben. Butter zerlassen und zu den Bröseln geben. Die Brösel-Butter-Masse gut vermischen.

2. Die Bröselmasse in eine Springform (Ø 22 cm, gefettet, mit Backpapier belegt) geben und fest zu einem Boden andrücken. Den Boden für mindestens 10 Minuten in den Kühlschrank stellen.

3. Den Backofen vorheizen. Ober-/Unterhitze: etwa 190 °C Heißluft: etwa 170 °C

4. Für die Füllung die Zitrone heiß waschen und trocken tupfen. Die Schale fein abreiben und den Saft auspressen. Eiweiß mit Zucker und Salz mit einem Mixer (Rührstäbe) auf höchster Stufe steif schlagen. Der Schnee muss so fest sein, dass ein Messerschnitt sichtbar bleibt.

5. Ricotta mit Eigelb, Zitronenschale und 4 Esslöffeln Zitronensaft mit einem Schneebesen gut verrühren. Eischnee vorsichtig unter die Ricotta-Masse heben. Den Belag in die Springform füllen, glatt streichen.

6. Die Springform auf dem Rost im unteren Drittel in den vorgeheizten Backofen schieben. Den Cheesecake **etwa 20 Minuten backen.**

7. In der Zwischenzeit für den Belag die Zitronen heiß abwaschen, trocken tupfen und in Scheiben schneiden.

8. Den Puderzucker in einer Pfanne bei mittlerer Hitze goldbraun schmelzen lassen, dabei ab und zu umrühren. Mit Wasser ablöschen und weiterkochen lassen, bis sich der Zucker vollständig gelöst hat.

9. Die Pfanne von der Kochstelle nehmen und die Zitronenscheiben in den heißen Karamellsirup legen.

10. Die Form kurz aus dem Backofen nehmen und auf einen Kuchenrost stellen. Die Zitronenscheiben rund um den Cheesecake legen (den restlichen Karamellsirup aufheben).

11. Anschließend den Cheesecake wieder in den vorgeheizten Backofen schieben und **bei gleicher Backofeneinstellung in etwa 10 Minuten fertig backen.**

12. Die Form auf einen Kuchenrost stellen und den Cheesecake in der Form vollständig auskühlen lassen. Kuchen vorsichtig aus der Form lösen und mindestens 4 Stunden in den Kühlschrank stellen.

13. Vor dem Servieren die Zitronenscheiben mit dem restlichen Karamellsirup bepinseln.

ORANGEN-KÄSEKUCHEN

FÜR DEN KNETTEIG:

80 g Amarettini
   (ital. Mandelmakronen)
160 g Weizenmehl
¼ gestr. TL Backpulver
30 g Zucker
1 Ei (Größe M)
100 g kalte Butter

FÜR DIE FÜLLUNG:

6 mittelgroße Orangen
500 g Ricotta (ital. Frischkäse)
1 Pck. Orangenschalen-Aroma
60 g Zucker
40 g Speisestärke
3 Eier (Größe M)
Saft von ½ Zitrone

FÜR DEN ORANGENBELAG:

20 g Speisestärke
200 ml Orangensaft
   von den Orangen
40 g Zucker

ZUM GARNIEREN:

einige Amarettini
   (ital. Mandelmakronen)

INSGESAMT:

E: 102 g, F: 190 g, Kh: 452 g,
kcal: 4019

ZUBEREITUNGSZEIT:

65 Minuten, ohne Kühl- und
   Ruhezeit

BACKZEIT:

etwa 65 Minuten

1. Den Backofen vorheizen.
Ober-/Unterhitze: etwa 180 °C
Heißluft: etwa 160 °C

2. Für den Teig die Amarettini in
einen Gefrierbeutel geben. Den
Beutel fest verschließen. Amarettini
mit einer Teigrolle fein zerbröseln.
Mehl mit Backpulver in einer Rührschüssel mischen. Restliche Zutaten
und Amarettinibrösel hinzufügen
und mit einem Mixer (Knethaken)
zunächst kurz auf niedrigster,
dann auf höchster Stufe gut durcharbeiten.

3. Anschließend den Teig auf der
leicht bemehlten Arbeitsfläche
kurz verkneten. Den Teig in Folie
gewickelt etwa 1 Stunde in den
Kühlschrank legen.

4. Knapp zwei Drittel des Teiges
auf dem Boden einer Springform
(Ø 26 cm, gefettet) ausrollen. Den
Springformboden (ohne Springformrand) auf dem Rost in den vorgeheizten Backofen schieben. Den
Boden **etwa 15 Minuten vorbacken.**

5. Den Springformboden auf einen
Kuchenrost stellen. Boden etwas
abkühlen lassen. Den Springformrand darumstellen.

6. Für die Füllung 3 Orangen halbieren, Saft auspressen. Restliche
Orangen so schälen, dass die weiße
Haut mitentfernt wird. Orangen
filetieren, Saft dabei auffangen
und 200 ml davon abmessen. Saft
und Fruchtfilets beiseitestellen.

Ricotta, Orangenschalen-Aroma,
Zucker, Speisestärke und Eier mit
dem Mixer (Rührstäbe) zu einer
geschmeidigen Masse verrühren.
Zuletzt noch 1 Esslöffel Zitronensaft
unterrühren.

7. Restlichen Teig zu einer langen
Rolle formen, auf den vorgebackenen Boden legen und so an die
Form drücken, dass ein etwa 3 cm
hoher Rand entsteht. Ricotta-Masse
hineingeben und glatt streichen.
Die Form auf dem Rost wieder in
den vorgeheizten Backofen schieben. Den Käsekuchen **bei gleicher
Backofeneinstellung in etwa 50 Minuten fertig backen.**

8. Die Form auf einen Kuchenrost
stellen. Orangen-Käsekuchen
10–15 Minuten ruhen lassen.

9. Für den Belag Speisestärke mit
beiseitegestelltem Orangensaft
in einem kleinen Topf anrühren.
Zucker und restlichen Zitronensaft unterrühren. Unter Rühren
zum Kochen bringen. Topf von der
Kochstelle nehmen. Beiseitegestellte Orangenfilets unterheben.
Die Masse auf dem Käsekuchen
verteilen. Kuchen erkalten lassen
und anschließend aus der Form lösen. Vor dem Servieren mit einigen
Amarettini garnieren.

BEEREN-KÄSETORTE

FÜR DEN HEFETEIG:
200 g Weizenmehl
½ Pck. Trockenbackhefe
30 g Zucker
½ Pck. Geriebene
 Zitronenschale
1 EL Speiseöl,
 z. B. Sonnenblumenöl
1 Prise Salz
knapp 125 ml Milch (1,5 % Fett)

FÜR DEN QUARKBELAG:
500 g Magerquark
50 g Zucker
2 Eigelb (Größe M)
15 g Speisestärke
½ Pck. Geriebene
 Zitronenschale
2 Eiweiß (Größe M)

FÜR DEN BELAG:
300 g Himbeeren
1 Pck. ungezuckerter
 Tortenguss, klar
30 g Zucker
250 ml Apfelsaft, klar

. . . .

INSGESAMT:
E: 108 g, F: 24 g, Kh: 348 g,
kcal: 2172

. . . .

ZUBEREITUNGSZEIT:
45 Minuten, ohne Abkühlzeit

RUHE-/GEHZEIT:
etwa 45 Minuten

BACKZEIT:
etwa 40 Minuten

1. Für den Teig Mehl in eine Rührschüssel geben und mit Trockenbackhefe sorgfältig vermischen. Zucker, Zitronenschale, Speiseöl, Salz und Milch hinzufügen. Die Zutaten mit einem Mixer (Knethaken) zunächst kurz auf niedrigster, dann auf höchster Stufe in etwa 5 Minuten zu einem glatten Teig verarbeiten. Den Teig zugedeckt so lange an einem warmen Ort gehen lassen, bis er sich sichtbar vergrößert hat, etwa 40 Minuten.

2. Für den Quarkbelag Quark mit Zucker, Eigelb, Speisestärke und Zitronenschale verrühren. Eiweiß steif schlagen und unter die Quarkmasse heben.

3. Den Backofen vorheizen.
Ober-/Unterhitze: etwa 160 °C
Heißluft: etwa 140 °C

4. Den Teig auf einer leicht bemehlten Arbeitsfläche nochmals kurz durchkneten, dann zu einer runden Platte (Ø 28 cm) ausrollen. Eine Springform (Ø 26 cm, Boden gefettet, mit Backpapier belegt) damit auslegen, dabei den Teig am Rand knapp 3 cm hochdrücken.

5. Die Quarkmasse auf den Hefeteigboden geben und glatt streichen. Den Teig etwa 5 Minuten ruhen lassen. Anschließend die Form auf dem Rost in den vorgeheizten Backofen schieben. Die Torte **etwa 40 Minuten backen.**

6. Die Form auf einen Kuchenrost stellen. Die Torte etwa 5 Minuten in der Form stehen lassen. Anschließend vorsichtig aus der Form lösen und auf dem Kuchenrost erkalten lassen.

7. Für den Belag Himbeeren verlesen, evtl. kurz abspülen und vorsichtig trocken tupfen. Die Himbeeren gleichmäßig auf der Torte verteilen.

8. Aus Tortengusspulver, Zucker und Saft einen Guss nach Packungsanleitung zubereiten. Den Guss auf den Früchten verteilen und fest werden lassen.

AMERICAN CHEESECAKE

FÜR DEN BODEN:
150 g Butterkekse
75 g Butter oder Margarine

FÜR DEN BELAG:
3 Eiweiß (Größe M)
400 g Doppelrahm-Frischkäse
300 g saure Sahne
125 g Zucker
40 g Speisestärke
3 Eigelb (Größe M)
1 Pck. Geriebene Zitronenschale

ZUM BESTÄUBEN:
etwas Puderzucker

INSGESAMT:
E: 60 g, F: 276 g, Kh: 300 g,
kcal: 3924

ZUBEREITUNGSZEIT:
40 Minuten, ohne Abkühlzeit

BACKZEIT:
etwa 50 Minuten

1. Für den Boden Butterkekse in einen Gefrierbeutel geben. Den Beutel fest verschließen. Die Kekse mit einer Teigrolle fein zerbröseln und in eine Rührschüssel geben. Butter oder Margarine zerlassen, zu den Bröseln geben und gut verrühren.

2. Die Bröselmasse gleichmäßig in einer Springform (Ø 26 cm, Boden gefettet) verteilen, mit einem Löffel gut zu einem Boden andrücken. Boden mindestens 10 Minuten in den Kühlschrank stellen.

3. Den Backofen vorheizen.
Ober-/Unterhitze: etwa 180 °C
Heißluft: etwa 160 °C

4. Für den Belag Eiweiß mit einem Mixer (Rührstäbe) steif schlagen. Der Schnee muss so fest sein, dass ein Messerschnitt sichtbar bleibt. Frischkäse, saure Sahne, Zucker, Speisestärke, Eigelb und Zitronenschale in eine Rührschüssel geben und mit dem Mixer (Rührstäbe) zu einer glatten Creme verrühren. Eischnee vorsichtig unterheben.

5. Die Creme auf dem Bröselboden verteilen und glatt streichen. Die Form auf dem Rost in den vorgeheizten Backofen schieben. Den Cheesecake **etwa 30 Minuten backen.**

6. Die Form nach etwa 30 Minuten Backzeit aus dem Backofen nehmen und etwa 10 Minuten auf einen Kuchenrost stellen. Dann die Form wieder auf dem Rost in den heißen Backofen schieben. Den Cheesecake **bei gleicher Backofeneinstellung weitere etwa 20 Minuten backen.**

7. Den Cheesecake im ausgeschalteten, leicht geöffneten Backofen etwa 20 Minuten abkühlen lassen. Dann den Cheesecake aus der Form lösen und auf eine Tortenplatte setzen. Den Cheesecake erkalten lassen.

8. American Cheesecake vor dem Servieren mithilfe einer Schablone mit Puderzucker bestäuben.

HINWEIS:
Wenn der Cheesecake zu lange gebacken wird, fällt er sehr zusammen, wenn er zu kurz gebacken wird, bekommt er Risse.

TIPP:
Sie können den Cheesecake auch ohne Puderzucker „pur" servieren.

NUSS-KÄSEKUCHEN

FÜR DEN KNETTEIG:
180 g Weizenmehl
1 gestr. TL Backpulver
80 g Zucker
1 Pck. Vanillin-Zucker
1 Prise Salz
1 Ei (Größe M)
100 g Butter oder Margarine

FÜR DEN BELAG:
75 g gehackte Walnusskerne
50 g abgezogene, gem. Mandeln
120 g Nuss-Nougat-Creme
2 Eigelb (Größe M)
400 g Magerquark
200 g Doppelrahm-Frischkäse
120 g Zucker
1 Pck. Saucenpulver Vanille-
   Geschmack zum Kochen
2 Eiweiß (Größe M)

**ZUM VERZIEREN
UND GARNIEREN:**
50 g Nuss-Nougat-Creme
16 Walnusskernhälften

. . . .

INSGESAMT:
E: 151 g, F: 316 g, Kh: 479 g,
kcal: 5390

. . . .

ZUBEREITUNGSZEIT:
45 Minuten, ohne Abkühlzeit

BACKZEIT:
etwa 70 Minuten

1. Den Backofen vorheizen.
Ober-/Unterhitze: etwa 200 °C
Heißluft: etwa 180 °C

2. Für den Teig Mehl mit Backpulver
in einer Rührschüssel mischen.
Restliche Zutaten hinzufügen und
mit einem Mixer (Knethaken)
zunächst kurz auf niedrigster, dann
auf höchster Stufe gut durcharbeiten. Dann den Teig auf der leicht
bemehlten Arbeitsfläche kurz verkneten. Sollte er kleben, ihn in Folie
gewickelt eine Zeit lang in den Kühlschrank legen.

3. Gut die Hälfte des Teiges auf der
leicht bemehlten Arbeitsfläche zu
einer runden Platte (Ø etwa 28 cm)
ausrollen. Dann in eine Tarteform
(Ø 28 cm, gefettet) legen. Den Teigboden mehrmals mit einer Gabel
einstechen. Die Form auf dem Rost
in den vorgeheizten Backofen schieben. Den Boden **etwa 10 Minuten
vorbacken.**

4. Den Boden in der Form auf
einen Kuchenrost stellen und etwas
abkühlen lassen. Die **Backofentemperatur um etwa 20 °C herunterschalten.**

5. Für den Belag die Walnusskerne
mit den Mandeln mischen, die
Nuss-Nougat-Creme untermengen
und beiseitestellen. Eigelb mit
Quark, Frischkäse, 100 g Zucker
und Saucenpulver verrühren.
Das Eiweiß in einer Rührschüssel
mit einem Mixer (Rührstäbe) auf
höchster Stufe steif schlagen. Der
Schnee muss so fest sein, dass ein
Messerschnitt sichtbar bleibt. Nach
und nach restlichen Zucker kurz
unterschlagen. Eischnee in 2 Portionen unter die Quarkmasse heben.

6. Restlichen Teig zu einer langen
Rolle formen, auf den vorgebackenen Boden legen und so an die
Form drücken, dass ein etwa 2 cm
hoher Rand entsteht. Zuerst die
beiseitegestellte Nussmasse auf den
Boden geben und glatt streichen.
Danach die Quarkmasse darauf
verteilen. Die Form wieder auf dem
Rost in den vorgeheizten Backofen
schieben. Den Käsekuchen **in etwa
60 Minuten fertig backen.**

7. Die Form auf einen Kuchenrost
stellen. Den Kuchen in der Form erkalten lassen. Nuss-Nougat-Creme
in ein Pergamentpapiertütchen
füllen und eine kleine Ecke abschneiden. Den Nuss-Käsekuchen
mit der Creme verzieren und mit
den Walnusshälften garnieren.

KOKOSNUSS-CHEESECAKE

FÜR DEN BODEN:

50 g Kokosraspel
140 g Butterkekse
100 g Butter oder Margarine

FÜR DIE FÜLLUNG:

1 Bio-Limette
  (unbehandelt, ungewachst)
200 g ungezuckerte Kokosmilch
400 g Doppelrahm-Frischkäse
3 Eier (Größe M)
150 g Zucker
50 g Kokoschips

INSGESAMT:

E: 64 g, F: 320 g, Kh: 288 g,
kcal: 4352

ZUBEREITUNGSZEIT:

40 Minuten, ohne Abkühlzeit

BACKZEIT:

etwa 35 Minuten

1. Für den Boden Kokosraspel in einer Pfanne ohne Fett unter Wenden goldbraun rösten und auf einen Teller geben. Butterkekse in einen Gefrierbeutel geben. Den Beutel fest verschließen. Die Kekse mit einer Teigrolle fein zerbröseln und mit den Kokosraspeln in eine Rührschüssel geben. Butter oder Margarine zerlassen, zu der Bröselmischung geben und gut verrühren.

2. Die Bröselmasse in eine Springform (Ø 28 cm, gefettet, mit Backpapier belegt) geben und mit einem Löffel gut zu einem Boden andrücken. Den Boden mindestens 10 Minuten in den Kühlschrank stellen.

3. Den Backofen vorheizen.
Ober-/Unterhitze: etwa 180 °C
Heißluft: etwa 160 °C

4. Für die Füllung Limette heiß abwaschen, abtrocknen und die Schale fein abreiben. Limette halbieren und den Saft auspressen. Kokosmilch, Frischkäse, Limettenschale und -saft mit dem Schneebesen in einer Rührschüssel glatt rühren. Eier mit einem Mixer (Rührstäbe) auf höchster Stufe schaumig schlagen. Nach und nach Zucker einrieseln lassen. Den Eierschaum unter die Frischkäsemasse heben, auf dem Bröselboden in der Springform verteilen und glatt streichen. Die Frischkäsemasse mit Kokoschips bestreuen.

5. Die Form auf dem Rost im unteren Drittel in den vorgeheizten Backofen schieben. Den Cheesecake **etwa 35 Minuten backen.**

6. Die Form auf einen Kuchenrost stellen. Den Cheesecake in der Form vollständig erkalten lassen. Anschließend vorsichtig aus der Form lösen, auf eine Tortenplatte setzen und etwa 3 Stunden in den Kühlschrank stellen.

MARSHMALLOW-CHEESECAKE

FÜR DEN TEIG:

150 g nicht abgezogene
    Mandeln
200 g Vollkorn-Butterkekse
120 g Butter (zimmerwarm)

FÜR DIE FÜLLUNG:

250 g Crème fraîche
500 g Mascarpone
4 Eier (Größe M)
120 g Puderzucker
100 g Buttermilch
100 g Marshmallows

FÜR DEN BELAG:

4 Blatt weiße Gelatine
300 g Schlagsahne
    (mind. 30 % Fett)
500 g Magerquark
90 g Puderzucker
50 g Marshmallows
125 g Himbeeren
40 g gehobelte Mandeln
50 g weiße Kuvertüre

INSGESAMT:

E: 208 g, F: 736 g, Kh: 560 g,
kcal: 9712

ZUBEREITUNGSZEIT:

50 Minuten, ohne Kühlzeit

BACKZEIT:

etwa 1 Stunde 50 Minuten

1. Den Backofen vorheizen.
Ober-/Unterhitze: etwa 180 °C
Heißluft: etwa 160 °C

2. Mandeln auf einem Backblech verteilen, in den vorgeheizten Backofen schieben. Mandeln etwa 12 Minuten rösten, dann vom Backblech nehmen und erkalten lassen.

3. Die Mandeln mit den Butterkeksen in einem Mixer fein mahlen, dann in eine Rührschüssel geben. Butter zerlassen und gut unterrühren. Die Bröselmasse in einer Springform (Ø 26 cm, mit Backpapier belegt) gleichmäßig verteilen und mit einem Löffel gut zu einem Boden andrücken. Die Form etwa 15 Minuten in den Kühlschrank stellen.

4. In der Zwischenzeit den Backofen vorheizen.
Ober-/Unterhitze: etwa 140 °C
Heißluft: etwa 120 °C

5. Für die Füllung Crème fraîche, Mascarpone, Eier, Puderzucker und Buttermilch in einer Rührschüssel mit einem Mixer (Rührstäbe) kurz glatt rühren. Creme auf dem Bröselboden glatt streichen. Marshmallows gleichmäßig darauf verteilen. Die Form auf dem Rost auf der unteren Einschubleiste in den vorgeheizten Backofen schieben. Cheesecake **etwa 1 Stunde 50 Minuten backen**.

6. Die Form auf einen Kuchenrost stellen und etwa 30 Minuten abkühlen lassen. Dann den Cheesecake mit einem Messer vom Formrand lösen. Den Cheesecake in der Form mindestens 3 Stunden in den Kühlschrank stellen. Cheesecake aus der Form lösen und auf eine Tortenplatte setzen.

7. Für den Belag Gelatine nach Packungsanleitung einweichen. Sahne steif schlagen. Quark und Puderzucker verrühren. Gelatine ausdrücken und in einem Topf bei schwacher Hitze unter Rühren auflösen. Gelatine zunächst mit etwa 5 Esslöffeln Quark verrühren, dann mit dem restlichen Quark verrühren, Sahne unterheben.

8. Die Quarksahne auf die Cheesecakeoberfläche geben und mit einem Löffel wolkenartig verstreichen. Marshmallows darauf verteilen und mit verlesenen Himbeeren garnieren. Mandeln in einer Pfanne ohne Fett goldbraun rösten und abkühlen lassen. Kuvertüre in Stücke hacken, in einem kleinen Topf im Wasserbad bei schwacher Hitze unter Rühren schmelzen, abkühlen lassen. Die Oberfläche mit Mandeln bestreuen und mit Kuvertüre beträufeln. Bis zum Servieren in den Kühlschrank stellen.

APRIKOSEN-KÄSEKUCHEN, GEDECKT

FÜR DEN KNETTEIG:

250 g Weizenmehl
1 Prise Salz
3 EL kaltes Wasser
150 g Butter oder Margarine

FÜR DIE FÜLLUNG:

50 g Löffelbiskuits
50 g gem. Haselnusskerne
500 g Magerquark
2 Eier (Größe M)
75 g Zucker
1 Pck. Geriebene Zitronenschale
2–3 EL Zitronensaft
3 gestr. EL Speisestärke
480 g Aprikosenhälften
    (aus der Dose)

ZUM BESTREICHEN:

4 EL Kondensmilch

ZUM BESTÄUBEN:

etwas Puderzucker

INSGESAMT:

E: 127 g, F: 185 g, Kh: 437 g,
kcal: 3998

ZUBEREITUNGSZEIT:

55 Minuten, ohne Kühlzeit

BACKZEIT:

45–50 Minuten

1. Für den Teig Mehl mit Salz in einer Rührschüssel mischen. Restliche Zutaten hinzufügen und mit einem Mixer (Knethaken) zunächst kurz auf niedrigster, dann auf höchster Stufe gut durcharbeiten.

2. Anschließend den Teig auf der leicht bemehlten Arbeitsfläche kurz verkneten. Teig in Folie gewickelt etwa 1 Stunde in den Kühlschrank legen.

3. Für die Füllung Löffelbiskuits in einen Gefrierbeutel geben. Den Beutel fest verschließen. Biskuits mit einer Teigrolle fein zerbröseln und in eine Schüssel geben. Biskuitbrösel mit den Haselnusskernen vermengen.

4. Quark mit Eiern, Zucker, Zitronenschale und -saft und Speisestärke geschmeidig rühren. Die Aprikosenhälften in einem Sieb abtropfen lassen.

5. Den Backofen vorheizen.
Ober-/Unterhitze: etwa 200 °C
Heißluft: etwa 180 °C

6. Gut die Hälfte des Teiges auf der leicht bemehlten Arbeitsfläche zu einer runden Platte (Ø etwa 34 cm) ausrollen. Eine Pie- oder Tarteform (Ø 28 cm, Boden gefettet) damit auslegen. Die Löffelbiskuit-Haselnuss-Mischung auf dem Teig verteilen. Die Aprikosenhälften mit der Schnittfläche nach unten daraufgen. Quarkmasse auf den Aprikosen verteilen und glatt streichen. Den

überstehenden Teigrand auf die Füllung legen und mit Kondensmilch bestreichen.

7. Den restlichen Teig zu einer runden Platte (Ø etwa 28 cm) ausrollen. Teigplatte auf die Füllung legen und den Rand andrücken. Die Teigoberfläche mit Kondensmilch bestreichen und mehrmals mit einer Gabel einstechen. Die Form auf dem Rost in den vorgeheizten Backofen schieben. Kuchen **45–50 Minuten backen**.

8. Die Form auf einen Kuchenrost stellen. Den Aprikosen-Käsekuchen etwas abkühlen lassen, mit dem Puderzucker bestäuben und warm oder kalt servieren.

TIPP:

Damit der ausgerollte Teig nicht bricht, einen Bogen Backpapier unter die Teigplatte ziehen. Den Teig mithilfe des Backpapiers aufrollen und über der leeren Form oder der Füllung wieder abrollen.

JOHANNISBEER-QUARK-KUCHEN

FÜR DEN HEFETEIG:

100 g Butter
300 g Weizenmehl
1 Pck. Trockenbackhefe
40 g Zucker
1 Pck. Vanillin-Zucker
1 Röhrchen Butter-Vanille-
    Aroma
1 Prise Salz
150 ml lauwarme Milch
    (3,5 % Fett)

FÜR DEN BELAG:

1 Pck. Pudding-Pulver
    Vanille-Geschmack
40 g Zucker
400 ml Milch (3,5 % Fett)
300 g vorbereitete
    Johannisbeeren
300 g saure Sahne
250 g Speisequark (40 % Fett)
2 Eigelb (Größe M)
1 Pck. Vanillin-Zucker

INSGESAMT:

E: 100 g, F: 180 g, Kh: 420 g,
kcal: 3700

ZUBEREITUNGSZEIT:

35 Minuten

RUHE-/GEHZEIT:

etwa 1 Stunde

BACKZEIT:

25–30 Minuten

1. Für den Teig Butter zerlassen und abkühlen lassen. Das Mehl in eine Rührschüssel geben und mit Trockenbackhefe sorgfältig vermischen. Zucker, Vanillin-Zucker, Aroma, Salz und Milch hinzufügen. Die Zutaten mit einem Mixer (Knethaken) zunächst kurz auf niedrigster, dann auf höchster Stufe in etwa 5 Minuten zu einem glatten Teig verarbeiten.

2. Den Teig zugedeckt so lange an einem warmen Ort gehen lassen, bis er sich sichtbar vergrößert hat, etwa 30 Minuten.

3. In der Zwischenzeit für den Belag aus Pudding-Pulver, Zucker und Milch einen Pudding nach Packungsanleitung (aber mit den hier angegebenen Mengen) zubereiten. Den Pudding in eine Schüssel umfüllen. Frischhaltefolie direkt auf die Puddingoberfläche legen, damit sich keine Haut bildet.

4. Den gegangenen Teig auf einer leicht bemehlten Arbeitsfläche nochmals kurz durchkneten. Anschließend auf einem tiefen Backblech (30 x 40 cm, gefettet, mit Backpapier belegt) ausrollen. Den Teig nochmals zugedeckt so lange an einem warmen Ort gehen lassen, bis er sich sichtbar vergrößert hat, etwa 15 Minuten.

5. Den Pudding gut durchrühren. Zwei Drittel davon auf den Hefeteig geben und vorsichtig glatt streichen. Die abgespülten, trocken getupften Johannisbeeren darauf verteilen. Unter den restlichen Pudding saure Sahne, Speisequark, Eigelb und Vanillin-Zucker rühren. Die Puddingmasse auf die Johannisbeeren geben und ebenfalls vorsichtig glatt streichen.

6. Den Teig nochmals zugedeckt so lange an einem warmen Ort gehen lassen, bis er sich sichtbar vergrößert hat, etwa 15 Minuten.

7. In der Zwischenzeit den Backofen vorheizen.
Ober-/Unterhitze: etwa 180 °C
Heißluft: etwa 160 °C

8. Das Backblech in den vorgeheizten Backofen schieben. Den Kuchen **25–30 Minuten backen**.

9. Das Backblech auf einen Kuchenrost stellen. Den Kuchen darauf erkalten lassen.

TIPP:

Den erkalteten Kuchen nach Belieben mit Puderzucker bestäuben.

KOKOS-KÄSEKUCHEN

FÜR DEN KNETTEIG:

300 g Weizenmehl
2 gestr. TL Backpulver
100 g Zucker
2 Eier (Größe M)
125 g Butter oder Margarine

FÜR DIE QUARKMASSE:

500 g Magerquark
2 Eier (Größe M)
100 g Zucker
1 Pck. Vanillin-Zucker
1 Pck. Pudding-Pulver
    Vanille-Geschmack
1 TL Zitronensaft
1 Prise Salz

FÜR DEN KOKOSBELAG:

150 g Butter
100 g Zucker
1 Pck. Vanillin-Zucker
200 g Kokosraspel
3 Eigelb (Größe M)
3 Eiweiß (Größe M)
1 Prise Salz

FÜR DEN GUSS:

100 g Puderzucker
2–3 EL Zitronensaft

INSGESAMT:

E: 158 g, F: 410 g, Kh: 696 g,
kcal: 7163

ZUBEREITUNGSZEIT:

30 Minuten, ohne Abkühlzeit

BACKZEIT:

etwa 35 Minuten

1. Für den Teig das Mehl mit Backpulver in einer Rührschüssel mischen. Restliche Zutaten hinzufügen und mit einem Mixer (Knethaken) zunächst kurz auf niedrigster, dann auf höchster Stufe gut durcharbeiten. Anschließend den Teig auf der leicht bemehlten Arbeitsfläche kurz verkneten und zu einer Rolle formen. Sollte er kleben, ihn in Folie gewickelt eine Zeit lang in den Kühlschrank legen.

2. Den Teig in einem tiefen Backblech oder einer Fettpfanne (30 x 40 cm, gefettet) ausrollen.

3. Den Backofen vorheizen.
Ober-/Unterhitze: etwa 180 °C
Heißluft: etwa 160 °C

4. Für die Quarkmasse alle Zutaten nach und nach mit einem Mixer (Rührstäbe) zu einer cremigen Masse verrühren. Auf den Teigboden geben und glatt streichen.

5. Für den Kokosbelag Butter in einem Topf zerlassen. Nach und nach Zucker und Vanillin-Zucker unterrühren und auflösen. Kokosraspel unterrühren und die Kokosmasse etwas abkühlen lassen. Dann das Eigelb unterrühren. Das Eiweiß mit Salz mit dem Mixer (Rührstäbe) auf höchster Stufe steif schlagen. Der Schnee muss so fest sein, dass ein Messerschnitt sichtbar bleibt. Den Eischnee unterheben. Die Kokosmasse auf der Quarkmasse verteilen.

6. Dann das Backblech in den vorgeheizten Backofen schieben. Den Kuchen **etwa 35 Minuten backen**.

7. Das Backblech auf einen Kuchenrost stellen und den Kuchen darauf erkalten lassen.

8. Für den Guss Puderzucker mit Zitronensaft zu einem Guss verrühren. Den noch warmen Kuchen damit besprenkeln oder mithilfe eines Backpinsels bestreichen. Den Kuchen erkalten lassen.

TIPPS:

Wenn Sie kein tiefes Backblech bzw. keine Fettpfanne haben, können Sie auch einen Backrahmen um den Teig stellen. Der Kuchen ist gefriergeeignet. Zusätzlich können Sie nach Belieben noch 50 g Rosinen unter die Quarkmasse heben.

APFEL-MASCARPONE-KUCHEN

ZUM VORBEREITEN:

1,2 kg Äpfel, z. B. Boskop
    oder Elstar
Saft von 1 Zitrone

FÜR DEN RÜHRTEIG:

150 g Butter oder Margarine
    (zimmerwarm)
275 g Zucker
1 Prise Salz
7 Eier (Größe M)
450 g Weizenmehl
3 gestr. TL Backpulver

FÜR DEN MASCARPONE-BELAG:

500 g Mascarpone
    (ital. Frischkäse)
7 Eigelb (Größe M)
150 g Zucker
1 Pck. Bourbon-Vanille-Zucker
7 Eiweiß (Größe M)
100 g gehobelte Mandeln

ZUM BESTÄUBEN:

2 EL Puderzucker

....

INSGESAMT:

E: 175 g, F: 475 g, Kh: 925 g,
kcal: 8850

....

ZUBEREITUNGSZEIT:

60 Minuten, ohne Abkühlzeit

BACKZEIT:

etwa 60 Minuten

1. Zum Vorbereiten Äpfel schälen, vierteln und entkernen. Apfelviertel nochmals durchschneiden (achteln) und mit Zitronensaft beträufeln.

2. Für den Teig die Butter oder Margarine mit einem Mixer (Rührstäbe) auf höchster Stufe geschmeidig rühren. Nach und nach Zucker und Salz unterrühren. So lange rühren, bis eine gebundene Masse entstanden ist. Die Eier nach und nach unterrühren (jedes Ei etwa ½ Minute).

3. Mehl und Backpulver mischen, in 2 Portionen kurz auf mittlerer Stufe unterrühren. Den Teig in ein tiefes Backblech oder eine Fettpfanne (30 x 40 cm, gefettet, mit Backpapier belegt) geben, glatt streichen. Apfelstücke darauf verteilen und etwas in den Teig drücken.

4. Den Backofen vorheizen.
Ober-/Unterhitze: etwa 180 °C
Heißluft: etwa 160 °C

5. Für den Belag Mascarpone, Eigelb, 100 g des Zuckers und Vanille-Zucker in einer Rührschüssel mit dem Schneebesen glatt rühren.

6. Eiweiß evtl. in 2 Portionen mit dem Mixer (Rührstäbe) steif schlagen. Restlichen Zucker einstreuen und weitere etwa 2 Minuten schlagen. Eischnee portionsweise unter die Mascarponemasse heben. Die Masse auf die Apfelstücke geben, glatt streichen und mit Mandeln bestreuen. Das Backblech oder die Fettpfanne in den vorgeheizten Backofen schieben. Den Kuchen **etwa 60 Minuten backen.**

7. Das Backblech oder die Fettpfanne auf einen Kuchenrost stellen. Den Kuchen erkalten lassen, in etwa 6 x 7 cm große Stücke schneiden und mit Puderzucker bestäuben.

SCHICHTKUCHEN MIT PFLAUMENMUS

FÜR DEN HEFETEIG:
200 ml Milch (3,5 % Fett)
100 g Butter oder Margarine
375 g Weizenmehl
1 Pck. Trockenbackhefe
140 g Zucker

FÜR DIE 1. SCHICHT:
600 g Pflaumenmus
1 EL Weichweizengrieß

FÜR DIE 2. SCHICHT:
600 g Doppelrahm-Frischkäse
100 g Butter (zimmerwarm)
100 g Zucker, 1 Ei (Größe M)
1 Pck. Saucenpulver Vanille-
   Geschmack zum Kochen

FÜR DIE 3. SCHICHT:
1 Pck. Pudding-Pulver
   Vanille-Geschmack
200 g Zucker
500 ml Milch (3,5 % Fett)
4 Eigelb (Größe M)
250 g Butter (zimmerwarm)
4 Eiweiß (Größe M)

....

INSGESAMT:
E: 210 g, F: 720 g, Kh: 1120 g,
kcal: 10850

....

ZUBEREITUNGSZEIT:
80 Minuten, ohne Abkühlzeit

RUHE-/GEHZEIT:
etwa 1½ Stunden

BACKZEIT:
etwa 50 Minuten

1. Für den Teig Milch erwärmen, Butter oder Margarine darin zerlassen. Mehl in einer Rührschüssel mit Trockenbackhefe sorgfältig vermischen. Zucker und die Milch-Fett-Mischung hinzufügen. Die Zutaten mit einem Mixer (Knethaken) zunächst kurz auf niedrigster, dann auf höchster Stufe in etwa 5 Minuten zu einem glatten, weichen Teig verarbeiten. Den Teig zugedeckt etwa 1 Stunde an einem warmen Ort gehen lassen.

2. Den gegangenen Teig auf einer leicht bemehlten Arbeitsfläche nochmals kurz durchkneten. Anschließend auf einem Backblech (30 x 40 cm, gefettet, mit Backpapier belegt) ausrollen, einen Backrahmen darumstellen und einen etwa 2 cm hohen Rand andrücken. Den Teig nochmals zugedeckt so lange an einem warmen Ort gehen lassen, bis er sich sichtbar vergrößert hat, etwa 30 Minuten.

3. Für die 1. Schicht Pflaumenmus mit Grieß verrühren und auf dem gegangenen Teig gleichmäßig verteilen.

4. Für die 2. Schicht Frischkäse mit Butter und Zucker verschlagen. Ei und Saucenpulver gut unterrühren. Die Frischkäsemasse esslöffelweise auf das Pflaumenmus geben und glatt streichen.

5. Den Backofen vorheizen.
Ober-/Unterhitze: etwa 200 °C
Heißluft: etwa 180 °C

6. Für die 3. Schicht einen Pudding aus Pudding-Pulver, Zucker und Milch nach Packungsanleitung (aber mit den hier angegebenen Mengen) zubereiten. Pudding kurz abkühlen lassen. Eigelb und Butter mit einem Schneebesen gut unterrühren.

7. Eiweiß mit dem Mixer (Rührstäbe) leicht schaumig schlagen. Eiweißschaum unter die warme Puddingmasse heben, auf die Frischkäsemasse geben und glatt streichen.

8. Das Backblech in den vorgeheizten Backofen schieben. Den Schichtkuchen **etwa 50 Minuten backen**.

9. Das Backblech auf einen Kuchenrost stellen. Den Schichtkuchen erkalten lassen. Den Backrahmen lösen und entfernen.

10. Die Kuchenränder gerade schneiden. Den Schichtkuchen in etwa 4 x 4 cm große Stücke schneiden.

CRANBERRY-QUARKKUCHEN

FÜR DEN HEFETEIG:
200 ml Milch (1,5 % Fett)
30 g Butter
350 g Weizenmehl
1 Pck. Trockenbackhefe
20 g Zucker
1 Ei (Größe M)

FÜR DEN BELAG:
50 g getrocknete Cranberrys
250 g Speisequark (20 % Fett)
300 g Vanille-Joghurt
   (3,5 % Fett)
1 Ei (Größe M)
30 g Butter
30 g gehobelte Mandeln
30 g Zucker

INSGESAMT:
E: 120 g, F: 120 g, Kh: 440 g,
kcal: 3220

ZUBEREITUNGSZEIT:
25 Minuten, ohne Abkühlzeit

RUHE-/GEHZEIT:
etwa 1 Stunde

BACKZEIT:
etwa 20 Minuten

1. Für den Teig Milch in einem Topf erwärmen. Die Butter darin zerlassen.

2. Mehl in eine Rührschüssel geben und mit Trockenbackhefe sorgfältig vermischen. Zucker, Ei und die warme Milch-Butter-Mischung hinzufügen.

3. Die Zutaten mit einem Mixer (Knethaken) zunächst kurz auf niedrigster, dann auf höchster Stufe in etwa 5 Minuten zu einem glatten Teig verarbeiten. Den Teig zugedeckt so lange an einem warmen Ort gehen lassen, bis er sich sichtbar vergrößert hat, etwa 30 Minuten.

4. Den gegangenen Teig auf einer leicht bemehlten Arbeitsfläche nochmals kurz durchkneten und zu einem Rechteck (etwa 30 x 40 cm) ausrollen. Die Teigplatte in ein tiefes Backblech (30 x 40 cm, gefettet) legen, dabei den Teig am Rand leicht andrücken. Die Teigplatte nochmals zugedeckt so lange an einem warmen Ort gehen lassen, bis sie sich sichtbar vergrößert hat, etwa 30 Minuten.

5. In der Zwischenzeit für den Belag Cranberrys in kleine Stücke hacken und in eine Schüssel geben. Quark, Joghurt und Ei unterrühren. Butter zerlassen und unterziehen.

6. Den Backofen vorheizen.
Ober-/Unterhitze: etwa 180 °C
Heißluft: etwa 160 °C

7. Zeige- und Mittelfinger in Mehl tauchen und in gleichmäßigen Abständen Löcher in die Teigplatte drücken. Die Cranberry-Quark-Masse auf dem Teig verteilen und glatt streichen. Zuerst die Mandeln, dann den Zucker daraufstreuen. Das Backblech in den vorgeheizten Backofen schieben. Cranberry-Quarkkuchen **etwa 20 Minuten backen.**

8. Das Backblech auf einen Kuchenrost stellen. Den Kuchen erkalten lassen.

TIPPS:
Der Kuchen schmeckt frisch am besten. Anstelle von getrockneten Cranberrys können Sie auch eine Mischung aus getrockneten Beeren verwenden.

QUARK-BUTTERKUCHEN

FÜR DEN HEFETEIG:
300 g Weizenmehl
1 Pck. Trockenbackhefe
50 g Zucker
100 ml lauwarme Milch
    (3,5 % Fett)
150 g Magerquark
50 g Butter
½ gestr. TL Salz

FÜR DEN BELAG:
125 g Butter (zimmerwarm)
70 g Zucker
1 Ei (Größe M)
350 g Magerquark
100 g gestiftelte Mandeln

ZUM BESTREUEN:
30 g Zucker
1 gestr. TL gem. Zimt

INSGESAMT:
E: 140 g, F: 220 g, Kh: 400 g,
kcal: 4180

ZUBEREITUNGSZEIT:
40 Minuten, ohne Kühlzeit

RUHE-/GEHZEIT:
etwa 50 Minuten

BACKZEIT:
etwa 25 Minuten

1. Für den Teig Mehl in eine Rührschüssel geben und mit Trockenbackhefe sorgfältig vermischen. 1 Esslöffel Zucker und die Milch hinzufügen. Mit einer Gabel vorsichtig verrühren und etwa 10 Minuten stehen lassen.

2. Restlichen Zucker, Quark, Butter und Salz hinzufügen. Die Zutaten mit einem Mixer (Knethaken) zunächst kurz auf niedrigster, dann auf höchster Stufe in etwa 5 Minuten zu einem glatten Teig verarbeiten. Den Teig zugedeckt so lange an einem warmen Ort gehen lassen, bis er sich sichtbar vergrößert hat, etwa 30 Minuten.

3. Für den Belag Butter und Zucker mit einem Mixer (Rührstäbe) schaumig schlagen. Das Ei und den Quark unterrühren. Die Masse in einen Gefrierbeutel geben. Beutel verschließen und in den Kühlschrank legen.

4. Den gegangenen Teig auf einer leicht bemehlten Arbeitsfläche nochmals gründlich durchkneten. Anschließend auf einem Backblech (30 x 40 cm, gefettet) ausrollen. Den Teig am Rand hochdrücken. Den Teig zugedeckt nochmals etwa 10 Minuten an einem warmen Ort gehen lassen.

5. Den Backofen vorheizen.
Ober-/Unterhitze: etwa 200 °C
Heißluft: etwa 180 °C

6. In den Teig mit 2 Fingern oder einem Kochlöffelstiel, in etwa 2 cm breiten Abständen, tiefe Löcher drücken. Vom Gefrierbeutel mit der Quarkmasse eine kleine Ecke abschneiden. Dann die Quarkmasse als dicke Tupfen in die Löcher spritzen. Den Teig und die Quarktupfen mit Mandeln bestreuen.

7. Zucker mit Zimt mischen. Den Kuchen damit bestreuen. Das Backblech in den vorgeheizten Backofen schieben. Den Kuchen **etwa 25 Minuten backen**.

8. Das Backblech auf einen Kuchenrost stellen. Den Kuchen darauf erkalten lassen.

MANDARINEN-QUARK-SAHNE-SCHNITTEN

FÜR DEN BISKUITTEIG:
(den Biskuit 2 x zubereiten,
   die Zutaten verdoppeln)
4 Eier (Größe L)
80 g Zucker
1 Prise Salz
90 g Weizenmehl

FÜR DIE FÜLLUNG:
480 g Mandarinen
   (aus der Dose)
500 g Magerquark
160 g Zucker
1 Pck. Bourbon-Vanille-Zucker
1 Bio-Orange
   (unbehandelt, ungewachst)
500 g Schlagsahne
   (mind. 30 % Fett)

ZUM GARNIEREN:
100 g Zucker

....

INSGESAMT:
E: 168 g, F: 216 g, Kh: 720 g,
kcal: 5496

....

ZUBEREITUNGSZEIT:
45 Minuten, ohne Kühlzeit

BACKZEIT:
etwa 12 Minuten je Backblech

1. Den Backofen vorheizen.
Ober-/Unterhitze: etwa 180 °C
Heißluft: etwa 160 °C

2. Für den Teig Eier mit dem Mixer
(Rührstäbe) auf höchster Stufe in
etwa 1 Minute schaumig schlagen.
Zucker und Salz mischen, in etwa
1 Minute einstreuen, dann noch
etwa 2 Minuten weiterschlagen.

3. Mehl auf die Eiercreme geben
und kurz auf niedrigster Stufe
unterrühren.

4. Teig auf ein Backblech (30 x
40 cm, gefettet, mit Backpapier
belegt) geben und glatt streichen.

5. Backblech in den vorgeheizten
Backofen schieben. Biskuitplatte
etwa 12 Minuten goldbraun backen.

6. Zweiten Teig ebenso zubereiten
und backen. Die Biskuitplatten
jeweils auf ein mit Zucker bestreu-
tes Backpapier stürzen und erkalten
lassen. Mitgebackenes Backpapier
vorsichtig abziehen. Eine Biskuitplatte auf eine Servierplatte legen.

7. Für die Füllung Mandarinen in
einem Sieb abtropfen lassen. Quark
in eine große Rührschüssel geben.
Zucker mit Vanille-Zucker mischen
und unterrühren. Die Orange heiß
abwaschen, trocken tupfen und die
Schale abreiben. Orange halbieren
und den Saft auspressen. Orangenschale unter den Quark rühren.

8. Sahne steif schlagen und unter
die Quarkmasse ziehen. Mandarinen unterheben. Die Quark-Sahne-
Creme auf der Biskuitplatte (Servierplatte) verteilen und glatt
streichen. Die zweite Biskuitplatte
darauflegen und mit Orangensaft
beträufeln. Den Mandarinen-
Quark-Sahne-Kuchen mindestens
3 Stunden in den Kühlschrank
stellen.

9. Zum Garnieren den Zucker kurz
vor dem Servieren in einen Topf
geben und bei mittlerer Hitze kara-
mellisieren. Die obere Biskuitplatte
mit dem Karamell dünn beträufeln.
Den Mandarinen-Quark-Sahne-
Kuchen mit einem Elektromesser in
5 x 10 cm große Stücke schneiden.

TIPPS:
Den Karamell erst kurz vor dem
Servieren zubereiten. Er lässt sich
schlecht vorbereiten, da er sich
nach kurzer Zeit auflöst. Anstelle
des Karamells können die Schnitten
auch mit Puderzucker bestäubt werden. Die Schnitten eignen sich ohne
Garnitur sehr gut zum Einfrieren.

PFIRSICH-FLAMMKUCHEN

FÜR DEN HEFETEIG:
200 g Weizenmehl (Type 550)
21 g frische Hefe
1 Prise Zucker
100 ml lauwarmes Wasser
1 Prise Salz
2 EL flüssiger Honig
3 EL Olivenöl

ZUM BESTREUEN:
40 g Zucker
2 EL fein geschnittene
    Zitronenmelisseblättchen
1 TL fein gehackte
    Zitronenthymianblättchen

FÜR DEN BELAG:
600 g Pfirsiche (etwa 5 Stück)

40 g zerlassene Butter
250 g Mascarpone
    (ital. Frischkäse)
20 g Zucker
1 Pck. Bourbon-Vanille-Zucker

INSGESAMT:
E: 48 g, F: 168 g, Kh: 324 g,
kcal: 3060

ZUBEREITUNGSZEIT:
35 Minuten, ohne Ziehzeit

RUHE-/GEHZEIT:
etwa 40 Minuten

BACKZEIT:
etwa 15 Minuten

1. Für den Teig Mehl in eine Rührschüssel geben und in die Mitte eine Vertiefung eindrücken. Hefe hineinbröckeln, mit Zucker und etwas Wasser verrühren und etwa 10 Minuten stehen lassen.

2. Salz, Honig, restliches Wasser und Olivenöl hinzufügen. Die Zutaten mit einem Mixer (Knethaken) zunächst kurz auf niedrigster, dann auf höchster Stufe in etwa 5 Minuten zu einem glatten Teig verarbeiten. Den Teig zugedeckt so lange an einem warmen Ort gehen lassen, bis er sich sichtbar vergrößert hat, etwa 30 Minuten.

3. In der Zwischenzeit zum Bestreuen Zucker mit Zitronenmelisse und -thymian in einer kleinen Schüssel gut verrühren und etwa 30 Minuten ziehen lassen.

4. Für den Belag Pfirsiche heiß abwaschen, abtrocknen, halbieren und entsteinen. Die Pfirsichhälften in schmale Spalten schneiden.

5. Den Backofen vorheizen.
Ober-/Unterhitze: etwa 200 °C
Heißluft: etwa 180 °C

6. Den gegangenen Teig auf einer leicht bemehlten Arbeitsfläche nochmals gut durchkneten. Den Teig halbieren. Jede Teighälfte zu 2 ovalen Platten (je etwa 30 x 15 cm) ausrollen.

7. Die Teigränder etwas hochdrücken, sodass eine kleine Kante entsteht. Teigböden mehrmals mit einer Gabel einstechen.

8. Die Teigplatten auf ein Backblech (mit Backpapier belegt) legen und mit einem Teil der zerlassenen Butter bestreichen.

9. Mascarpone mit Zucker und Vanille-Zucker verrühren und auf den Teigplatten verstreichen, dabei am Rand (Teigkante) jeweils etwa 1 cm frei lassen.

10. Die Pfirsichspalten auf die Creme legen, mit dem Zitronen-Thymian-Zucker (bis auf 1 Esslöffel) bestreuen und mit der restlichen Butter beträufeln.

11. Das Backblech in den vorgeheizten Backofen schieben. Die Flammkuchen **etwa 15 Minuten backen**.

12. Die Pfirsich-Flammkuchen sofort mit dem restlichen Zitronen-Thymian-Zucker bestreuen und auf einem Kuchenrost erkalten lassen.

13. Den Pfirsich-Flammkuchen in Stücke schneiden und nach Belieben lauwarm servieren.

TIPP:
Anstelle von Zitronenmelisse und -thymian können Sie auch 2 Esslöffel frisch gehackte Rosmarinnadeln verwenden.

KLECKSEL-KÄSEKUCHEN

FÜR DEN HEFETEIG:

200 ml Milch (3,5 % Fett)
50 g Butter oder Margarine
375 g Weizenmehl
1 Pck. Trockenbackhefe
50 g Zucker
1 Pck. Vanillin-Zucker
1 Ei (Größe M)

FÜR DIE QUARKMASSE:

80 g Butter (zimmerwarm)
150 g Zucker
3 Eier (Größe M)
1 kg Magerquark
1 Pck. Pudding-Pulver
     Vanille-Geschmack
2 EL Milch, 1 Prise Salz
1 Pck. Geriebene Zitronenschale

FÜR DEN BELAG:

500 g Mohnback
     (backfertige Mohnfüllung)
350 g Sauerkirschkonfitüre

FÜR DIE STREUSEL:

200 g Weizenmehl
100 g Zucker
1 Pck. Vanillin-Zucker
125 g Butter (zimmerwarm)

INSGESAMT:

E: 260 g, F: 320 g, Kh: 1220 g,
kcal: 8960

ZUBEREITUNGSZEIT:

50 Minuten, ohne Teiggehzeit

BACKZEIT:

etwa 45 Minuten

1. Für den Teig Milch in einem Topf erwärmen und Butter oder Margarine darin zerlassen. Lauwarm abkühlen lassen.

2. Mehl mit Hefe, Zucker und Vanillin-Zucker in einer Rührschüssel vermischen. Ei und lauwarme Milch-Butter-Mischung hinzufügen. Die Zutaten mit einem Mixer (Knethaken) zunächst kurz auf niedrigster, dann auf höchster Stufe in etwa 5 Minuten zu einem glatten Teig verarbeiten. Den Teig zugedeckt so lange an einem warmen Ort gehen lassen, bis er sich sichtbar vergrößert hat, etwa 30 Minuten.

3. Den Teig auf eine leicht bemehlte Arbeitsfläche geben und nochmals kurz verkneten. Den Teig auf einem Backblech (30 x 40 cm, gefettet) ausrollen. Einen Backrahmen darumstellen. Den Teig zugedeckt nochmals so lange an einem warmen Ort gehen lassen, bis er sich sichtbar vergrößert hat, etwa 30 Minuten.

4. Den Backofen vorheizen.
Ober-/Unterhitze: etwa 180 °C
Heißluft: etwa 160 °C

5. Für die Quarkmasse die Butter mit dem Mixer (Rührstäbe) schaumig rühren. Zucker, Eier, Quark, Pudding-Pulver, Milch, Salz und Zitronenschale nach und nach unterrühren. So lange rühren, bis eine cremige Masse entstanden ist.

6. Die Quarkmasse auf den Teigboden geben und glatt streichen.

7. Für den Belag die Mohnfüllung und die Konfitüre abwechselnd in Häufchen auf die Quarkmasse setzen.

8. Für die Streusel Mehl in eine Rührschüssel geben. Zucker, Vanillin-Zucker und Butter hinzufügen. Die Zutaten mit dem Mixer (Rührstäbe) zunächst kurz auf niedrigster, dann auf höchster Stufe zu Streuseln von gewünschter Größe verarbeiten. Die Streusel anschließend auf dem Mohn-Konfitüre-Belag verteilen.

9. Das Backblech in den vorgeheizten Backofen schieben. Den Kuchen **etwa 45 Minuten backen**.

10. Das Backblech auf einen Kuchenrost stellen. Den Kuchen darauf erkalten lassen.

TIPP:

Sie können auch eine andere rote Konfitüre verwenden.

KIRMESKUCHEN

FÜR DEN HEFETEIG:

50 g Butter oder Margarine
250 g Weizenmehl
1 Pck. Trockenbackhefe
25 g Zucker
1 Pck. Vanillin-Zucker
1 Prise Salz, 1 Ei (Größe M)
100 ml lauwarme Milch
    (3,5 % Fett)

FÜR DEN QUARKBELAG:

500 g Magerquark
150 g Crème fraîche
100 g Zucker
1 gestr. EL Speisestärke
50 g Butter oder Margarine
    (zimmerwarm)
2 Eier (Größe M), 50 g Rosinen
1 Pck. Geriebene Zitronenschale

FÜR DIE STREUSEL:

150 g Weizenmehl
75 g Zucker
1 Pck. Vanillin-Zucker
75 g Butter (zimmerwarm)

....

INSGESAMT:

E: 140 g, F: 220 g, Kh: 580 g,
kcal: 4980

....

ZUBEREITUNGSZEIT:

30 Minuten

RUHE-/GEHZEIT:

etwa 40 Minuten

BACKZEIT:

25–30 Minuten

1. Für den Hefeteig Butter oder Margarine zerlassen und abkühlen lassen.

2. Das Mehl in eine Rührschüssel geben und mit Trockenbackhefe sorgfältig vermischen. Zucker, Vanillin-Zucker, Salz, Ei, Milch und Butter oder Margarine hinzufügen.

3. Die Zutaten mit einem Mixer (Knethaken) zunächst kurz auf niedrigster, dann auf höchster Stufe in etwa 5 Minuten zu einem glatten Teig verarbeiten.

4. Den Teig zugedeckt so lange an einem warmen Ort gehen lassen, bis er sich sichtbar vergrößert hat, etwa 20 Minuten.

5. Den Hefeteig auf einer leicht bemehlten Arbeitsfläche nochmals kurz durchkneten. Anschließend auf einem Backblech (30 x 40 cm, gefettet) ausrollen. Einen Backrahmen darumstellen.

6. Für den Belag Quark mit Crème fraîche, Zucker, Speisestärke, Butter oder Margarine, Eiern, Rosinen und Zitronenschale verrühren.

7. Die Quarkmasse auf den Teig geben und vorsichtig glatt streichen.

8. Für die Streusel Mehl in eine Rührschüssel geben, mit Zucker und Vanillin-Zucker mischen. Butter hinzufügen.

9. Die Zutaten mit einem Mixer (Rührstäbe) zunächst kurz auf niedrigster, dann auf höchster Stufe zu Streuseln von gewünschter Größe verarbeiten.

10. Die Streusel gleichmäßig auf der Quarkmasse verteilen.

11. Den Teig zugedeckt nochmals so lange an einem warmen Ort gehen lassen, bis er sich sichtbar vergrößert hat, etwa 20 Minuten.

12. In der Zwischenzeit den Backofen vorheizen.
Ober-/Unterhitze: etwa 180 °C
Heißluft: etwa 160 °C

13. Das Backblech in den vorgeheizten Backofen schieben und den Kirmeskuchen **25–30 Minuten backen**.

14. Das Backblech auf einen Kuchenrost stellen. Den Kuchen darauf erkalten lassen.

15. Den Backrahmen vorsichtig lösen und entfernen.

MOHN-KLECKSEL-KUCHEN

FÜR DEN HEFETEIG:
75 g Butter oder Margarine
375 g Weizenmehl
1 Pck. Trockenbackhefe
75 g Zucker
1 Pck. Vanillin-Zucker
1 Pck. Geriebene Zitronenschale
1 Prise Salz, 2 Eier (Größe M)
125 ml lauwarme Milch
    (3,5 % Fett)

FÜR DIE MOHN-KLECKSEL:
240 g abgetropfte Aprikosen-
    hälften (aus der Dose)
500 g Mohnback
    (backfertige Mohnfüllung)
150 g Crème fraîche
3 Tropfen Rum-Aroma

FÜR DIE QUARK-KLECKSEL:
500 g Speisequark (20 % Fett)
2 Eier (Größe M), 100 g Zucker
1 Pck. Vanillin-Zucker
1 Pck. Geriebene Zitronenschale

FÜR DIE STREUSEL:
150 g Weizenmehl, 60 g Zucker
1 Pck. Vanillin-Zucker
100 g Butter (zimmerwarm)

INSGESAMT:
E: 180 g, F: 320 g, Kh: 900 g,
kcal: 3677

ZUBEREITUNGSZEIT:
60 Minuten, ohne Teiggehzeit

BACKZEIT:
etwa 30 Minuten

1. Für den Teig Butter oder Margarine zerlassen und abkühlen lassen. Das Mehl in eine Rührschüssel geben und mit Trockenbackhefe sorgfältig vermischen. Zucker, Vanillin-Zucker, Zitronenschale, Salz, Eier, Milch und Butter oder Margarine hinzufügen.

2. Die Zutaten mit einem Mixer (Knethaken) zunächst kurz auf niedrigster, dann auf höchster Stufe in etwa 5 Minuten zu einem glatten Teig verarbeiten.

3. Den Teig zugedeckt so lange an einem warmen Ort gehen lassen, bis er sich sichtbar vergrößert hat, etwa 30 Minuten.

4. Für die Mohn-Kleckel die Aprikosenhälften klein schneiden. Mohnback mit Crème fraîche und Aroma gut verrühren. Die Aprikosenstücke unterrühren.

5. Für die Quark-Kleckel den Quark mit Eiern, Zucker, Vanillin-Zucker und Zitronenschale verrühren.

6. Den gegangenen Teig auf einer leicht bemehlten Arbeitsfläche nochmals kurz durchkneten und zu einem Rechteck (etwa 32 x 42 cm) ausrollen. Den Hefeteig mithilfe der Teigrolle in ein tiefes Backblech (30 x 40 cm, gefettet) geben und einen Rand formen.

7. Abwechselnd Mohn- und Quark-Kleckel mithilfe eines Esslöffels auf dem Teig verteilen. Anschließend den Teig zugedeckt nochmals so lange an einem warmen Ort gehen lassen, bis er sich sichtbar vergrößert hat, etwa 20 Minuten.

8. In der Zwischenzeit den Backofen vorheizen.
Ober-/Unterhitze: etwa 180 °C
Heißluft: etwa 160 °C

9. Für die Streusel Mehl in eine Rührschüssel geben. Zucker, Vanillin-Zucker und Butter hinzufügen. Die Zutaten mit einem Mixer (Rührstäbe) zunächst kurz auf niedrigster, dann auf höchster Stufe zu Streuseln von gewünschter Größe verarbeiten. Die Streusel gleichmäßig auf dem Belag verteilen.

10. Das Backblech in den vorgeheizten Backofen schieben. Mohn-Kleckel-Kuchen **etwa 30 Minuten backen**.

11. Anschließend das Backblech auf einen Kuchenrost stellen. Den fruchtigen Mohn-Kleckel-Kuchen darauf erkalten lassen.

TIPP:
Statt Aprikosenhälften aus der Dose können Sie auch sehr gut 200 g frische Aprikosen oder 200 g Äpfel oder Birnen und Rosinen verwenden.

ZITRUSSCHNITTEN

FÜR DEN ALL-IN-TEIG:

250 g Weizenmehl
2 ½ gestr. TL Backpulver
150 g Puderzucker
1 Pck. Vanillin-Zucker
1 Pck. Geriebene Zitronenschale
3 Eier (Größe M)
100 ml Speiseöl
100 ml Zitronenlimonade

FÜR DIE FÜLLUNG:

1 Beutel aus 1 Pck. Götterspeise
    Zitronen-Geschmack
150 ml Wasser, 100 g Zucker
500 g Ricotta (ital. Frischkäse)
200–250 g Schlagsahne
Saft von 1 Zitrone

FÜR DEN BELAG:

2 Beutel aus 1 Pck. Götterspeise
    Zitronen-Geschmack
350 ml Wasser
250 ml Zitronenlimonade
50 g Zucker, 1 Bio-Limette
    (unbehandelt, ungewachst)
10 Kumquats (unbehandelt)
2 Orangen, 1 Pink Grapefruit
175 g abgetropfte Mandarinen
    (aus der Dose)

INSGESAMT:

E: 120 g, F: 280 g, Kh: 640 g,
kcal: 5680

ZUBEREITUNGSZEIT:

60 Minuten, ohne Kühlzeit

BACKZEIT:

etwa 20 Minuten

1. Den Backofen vorheizen.
Ober-/Unterhitze: etwa 180 °C
Heißluft: etwa 160 °C

2. Für den Teig Mehl mit Backpulver und Puderzucker in einer Rührschüssel mischen. Die restlichen Zutaten hinzufügen und mit einem Mixer (Rührstäbe) zunächst kurz auf niedrigster, dann auf höchster Stufe in etwa 2 Minuten zu einem glatten Teig verarbeiten.

3. Einen Backrahmen auf ein Backblech (30 x 40 cm, gefettet) stellen. Den Teig auf das Backblech geben und glatt streichen. Backblech in den vorgeheizten Backofen schieben. Boden **etwa 20 Minuten backen**.

4. Das Backblech auf einen Kuchenrost stellen. Den Gebäckboden erkalten lassen.

5. Für die Füllung Götterspeise nach Packungsanleitung, aber nur mit 150 ml Wasser und 100 g Zucker zubereiten, abkühlen lassen. Ricotta mit Sahne und Zitronensaft in einer Rührschüssel mit einem Schneebesen glatt rühren. Die abgekühlte Götterspeisenflüssigkeit unterrühren. Die Ricotta-Sahne-Masse auf dem Gebäckboden verteilen. Den Kuchen etwa 1 Stunde in den Kühlschrank stellen.

6. Für den Belag 2 Beutel Götterspeise nach Packungsanleitung, aber nur mit 350 ml Wasser, 250 ml Zitronenlimonade und 50 g Zucker zubereiten. Die Götterspeisenflüssigkeit in eine Rührschüssel geben, beiseitestellen und abkühlen lassen.

7. Limette und Kumquats heiß abwaschen und abtrocknen. Die Limette dünn schälen, die Schale in dünne Streifen schneiden. Orangen, Grapefruit und die dünn geschälte Limette so schälen, dass die weiße Haut mitentfernt wird. Kumquats und Orangen in Scheiben schneiden. Die Limette und die Grapefruit filetieren. Das vorbereitete Obst mit den Mandarinen auf der Ricotta-Sahne-Masse verteilen.

8. Sobald die beiseitegestellte Götterspeisenflüssigkeit kalt, aber noch flüssig ist, auf den Früchten verteilen, sodass sie bedeckt sind. Den Kuchen mindestens 2 Stunden in den Kühlschrank stellen. Den Backrahmen entfernen. Den Kuchen in Stücke schneiden.

CRÈME-FRAÎCHE-CHEESECAKE

FÜR DEN BODEN:
250 g Amarettini
    (ital. Mandelmakronen)
120 g Butter

FÜR DEN BELAG:
350 g weiße Kuvertüre
130 g Butter
3 Blatt weiße Gelatine
500 g Doppelrahm-Frischkäse
500 g Crème fraîche
1 Pck. Bourbon-Vanille-Zucker

ZUM GARNIEREN:
50 g weiße Kuvertüre
100 g frische Himbeeren
1 TL Puderzucker

INSGESAMT:
E: 96 g, F: 656 g, Kh: 480 g,
kcal: 8176

ZUBEREITUNGSZEIT:
30 Minuten, ohne Kühlzeit

1. Für den Boden Amarettini in einen Gefrierbeutel geben. Den Beutel fest verschließen. Amarettini mit einer Teigrolle fein zerbröseln, in eine Rührschüssel geben. Butter zerlassen, zu den Bröseln geben und gut verrühren.

2. Einen Springformrand (Ø 26 cm) auf eine mit Tortenspitze oder Backpapier belegte Tortenplatte stellen. Bröselmasse darin verteilen und mit einem Löffel gut zu einem Boden andrücken. Den Boden mindestens 1 Stunde in den Kühlschrank stellen.

3. Für den Belag Kuvertüre klein hacken, mit Butter in einem kleinen Topf im Wasserbad bei schwacher Hitze unter Rühren schmelzen. Kuvertüre lauwarm abkühlen lassen.

4. Gelatine nach Packungsanleitung einweichen. Frischkäse und Crème fraîche mit Vanille-Zucker verrühren. Lauwarme Kuvertüre-Butter-Masse hinzugeben, mit einem Mixer (Rührstäbe) zu einer glatten Creme verrühren. Eingeweichte Gelatine leicht ausdrücken, in einem kleinen Topf bei schwacher Hitze unter Rühren auflösen.

5. Gelatine zunächst mit etwa 4 Esslöffeln von der Creme verrühren, dann unter die restliche Creme rühren. Die Creme auf dem Bröselboden wellenartig verstreichen.

6. Zum Garnieren Kuvertüre mit einem Sparschäler dünn hobeln und auf die Creme streuen. Den Cheesecake mindestens 5 Stunden in den Kühlschrank stellen. Anschließend den Springformrand lösen und entfernen.

7. Himbeeren verlesen, evtl. kurz abspülen und vorsichtig trocken tupfen. Die Hälfte davon durch ein Sieb streichen. Das Himbeerpüree mit Puderzucker verrühren. Den Cheesecake mit den restlichen Himbeeren garnieren und mit dem Himbeerpüree besprenkeln.

TIPPS:
Garnieren Sie den Cheesecake statt mit Schokolade und Himbeeren mit etwa 150 g vorbereiteten gemischten Beerenfrüchten, z.B. Erdbeeren, Himbeeren, Johannisbeeren, Heidelbeeren. Fruchtiger wird's, wenn Sie einige Beeren auf den Bröselboden geben.

BANANEN-QUARKTORTE

FÜR DEN BODEN:

120 g Zartbitter-Kuvertüre
2 EL Speiseöl,
    z. B. Sonnenblumenöl
140 g Schokoladen-Reis-Flakes

FÜR DEN BELAG:

3–4 Bananen (etwa 500 g)

FÜR DIE KEFIR-QUARK-CREME:

6 Blatt weiße Gelatine
250 g Kefir
250 g Magerquark
40 g Zucker
1 Pck. Bourbon-Vanille-Zucker
250 g Schlagsahne
    (mind. 30 % Fett)

....

INSGESAMT:

E: 72 g, F: 156 g, Kh: 324 g,
kcal: 3000

....

ZUBEREITUNGSZEIT:

40 Minuten, ohne Kühlzeit

1. Für den Boden Kuvertüre in Stücke hacken und mit dem Speiseöl in einem kleinen Topf im Wasserbad bei schwacher Hitze unter Rühren schmelzen. Den Topf von der Kochstelle nehmen und die Schokoladen-Reis-Flakes unter die Schokolade rühren.

2. Ein Stück Backpapier auf einen flachen Teller oder ein Tablett legen. Mit einem Teelöffel von der Schokoladen-Reis-Flakes-Masse 12 kleine Häufchen abnehmen und daraufsetzen.

3. Die restliche Schokoladen-Reis-Flakes-Masse in eine Springform (Ø 26 cm, Boden gefettet, mit Backpapier belegt) geben und mit einem Löffel fest zu einem Boden andrücken. Die Schokoladen-Reis-Flakes-Häufchen und den Boden zugedeckt in den Kühlschrank stellen.

4. Für den Belag die Bananen schälen und in etwa 2 ½ cm breite Scheiben schneiden. Die Bananenscheiben mit der Schnittfläche nach unten auf den Schokoladen-Reis-Flakes-Boden setzen.

5. Für die Kefir-Quark-Creme die Gelatine nach Packungsanleitung einweichen. Kefir mit Quark, Zucker und Vanille-Zucker in einer Schüssel glatt rühren.

6. Die Gelatine leicht ausdrücken und in einem kleinen Topf bei schwacher Hitze unter Rühren auflösen. Die aufgelöste Gelatine zunächst mit etwa 4 Esslöffeln von der Kefir-Quark-Masse verrühren, dann unter die restliche Kefir-Quark-Masse rühren. Die Kefir-Quark-Masse in den Kühlschrank stellen.

7. Sobald die Kefir-Quark-Masse anfängt dicklich zu werden, Sahne steif schlagen und unterheben. Die Kefir-Quark-Creme auf die Bananen geben und glatt streichen. Die Torte zugedeckt mindestens 3 Stunden in den Kühlschrank stellen.

8. Die Torte vorsichtig aus der Form lösen und das Backpapier entfernen. Die Bananen-Quarktorte auf eine Tortenplatte setzen und mit den Schokoladen-Reis-Flakes-Häufchen garnieren.

PFIRSICH-MELBA-TORTE

FÜR DEN BODEN:
150 g Löffelbiskuits
125 g Butter
25 g Zartbitter-Raspel-
    schokolade

FÜR DEN QUARKBELAG:
1 Bio-Zitrone
    (unbehandelt, ungewachst)
5 Blatt weiße Gelatine
200 g Doppelrahm-Frischkäse
500 g Speisequark (20 % Fett)
50 g Zucker
1 Pck. Vanillin-Zucker

FÜR DEN FRUCHTBELAG:
480 g abgetropfte Pfirsich-
    hälften (aus der Dose)
100 ml Pfirsichsaft
    (aus der Dose)
4 Blatt weiße Gelatine

FÜR DEN GUSS:
300 g TK-Himbeeren
40 g Puderzucker
50 ml Pfirsichsaft
    (aus der Dose)
1 Pck. ungezuckerter Torten-
    guss, rot
20 g Zucker

INSGESAMT:
E: 128 g, F: 208 g, Kh: 384 g,
kcal: 4032

ZUBEREITUNGSZEIT:
50 Minuten, ohne Kühl- und
    Auftauzeit

1. Für den Boden Löffelbiskuits in einen Gefrierbeutel geben. Den Beutel fest verschließen. Löffelbiskuits mit einer Teigrolle fein zerbröseln. Die Biskuitbrösel in eine Rührschüssel geben. Die Butter in einem kleinen Topf zerlassen und zu den Biskuitbröseln geben. Die Zutaten gut verrühren, die Raspelschokolade unterrühren.

2. Einen Tortenring oder Springformrand (Ø 26 cm) auf eine mit Tortenspitze oder Backpapier belegte Tortenplatte stellen. Die Bröselmasse hineingeben und mit einem Löffel fest zu einem Boden andrücken. Den Tortenboden zugedeckt in den Kühlschrank stellen.

3. Für den Quarkbelag die Bio-Zitrone heiß abspülen, abtrocknen und die Schale fein abreiben. Die Zitrone halbieren und den Saft auspressen. Die Gelatine nach Packungsanleitung einweichen. Die restlichen Zutaten mit Zitronenschale und -saft in einer Rührschüssel gut verrühren.

4. Die Gelatine leicht ausdrücken und in einem kleinen Topf bei schwacher Hitze unter Rühren auflösen. Die aufgelöste Gelatine zunächst mit etwa 4 Esslöffeln von der Quarkmasse verrühren, dann unter die restliche Quarkmasse rühren.

5. Die Quarkmasse auf den Bröselboden geben und grob verstreichen. Die Torte zugedeckt etwa 2 Stunden in den Kühlschrank stellen.

6. Für den Fruchtbelag von den Pfirsichhälften 2 Stück zum Garnieren beiseitelegen. Die restlichen Pfirsichhälften in grobe Stücke schneiden und mit 100 ml Pfirsichsaft pürieren.

7. Die Gelatine wie unter Punkt 3 und 4 beschrieben einweichen und auflösen. Die aufgelöste Gelatine zunächst mit etwa 4 Esslöffeln von dem Pfirsichpüree verrühren, dann unter das restliche Pfirsichpüree rühren. Das Püree auf der Quarkmasse glatt streichen. Die Torte nochmals zugedeckt etwa 1 Stunde in den Kühlschrank stellen.

8. Für den Guss die Himbeeren mit Puderzucker und 50 ml Pfirsichsaft in einer Schüssel auftauen lassen. Die Himbeeren anschließend pürieren, durch ein Sieb streichen und 250 ml davon abmessen.

9. Aus Tortengusspulver, Zucker und dem abgemessenen Himbeerpüree einen Guss nach Packungsanleitung, aber mit den hier angegebenen Zutaten, zubereiten. Den Guss mit einem Esslöffel auf dem Pfirsichpüree gleichmäßig verteilen. Die Pfirsich-Melba-Torte zugedeckt nochmals etwa 30 Minuten in den Kühlschrank stellen.

10. Anschließend den Tortenring oder Springformrand vorsichtig lösen und entfernen. Die beiseitegelegten Pfirsichhälften in Spalten schneiden. Die Tortenoberfläche mit den Pfirsichspalten garnieren.

CHEESECAKE MIT WEISSER SCHOKOLADE

FÜR DEN BODEN:
200 g Amarettini
   (ital. Mandelmakronen)
125 g Butter

FÜR DEN BELAG:
250 g weiße Kuvertüre
50 g festes Kokosfett
125 g Crème fraîche
600 g Doppelrahm-Frischkäse
1 Pck. Orangenschalen-Aroma

ZUM GARNIEREN:
50 g weiße Kuvertüre
50 g Amarettinibrösel

....

INSGESAMT:
E: 80 g, F: 480 g, Kh: 400 g,
kcal: 6208

....

ZUBEREITUNGSZEIT:
45 Minuten, ohne Kühlzeit

1. Für den Boden Amarettini in einen Gefrierbeutel geben. Den Beutel fest verschließen. Amarettini mit einer Teigrolle fein zerbröseln. Keksbrösel in eine Rührschüssel geben. Butter zerlassen, zu den Keksbröseln geben und gut verrühren.

2. Einen Springformrand (Ø 24 cm) auf eine mit Tortenspitze oder Backpapier belegte Tortenplatte stellen. Die Bröselmasse gleichmäßig darin verteilen und mit einem Löffel gut zu einem Boden andrücken. Den Boden mindestens 10 Minuten in den Kühlschrank stellen.

3. Für den Belag Kuvertüre in kleine Stücke hacken. Zwei Drittel davon mit dem Kokosfett in einem Topf im Wasserbad bei schwacher Hitze unter Rühren schmelzen. Den Topf aus dem Wasserbad nehmen. Restliche Kuvertüre darin unter Rühren schmelzen. Crème fraîche unterrühren.

4. Frischkäse mit Orangenschalen-Aroma verrühren. Die Kuvertüremasse mit einem Mixer (Rührstäbe) unter Rühren hinzugeben. Die Frischkäse-Kuvertüre-Masse auf höchster Stufe zu einer glatten Creme verrühren. Die Creme auf den Bröselboden in den Springformrand geben und glatt streichen. Den Cheesecake etwa 5 Stunden in den Kühlschrank stellen.

5. Den Springformrand lösen und entfernen. Den Cheesecake auf eine Tortenplatte setzen.

6. Zum Garnieren von der Kuvertüre mit einem Sparschäler Locken abhobeln. Cheesecake mit Kuvertürelocken garnieren. Den Cheesecakerand mit Amarettinibröseln bestreuen und leicht festdrücken.

TIPPS:
Das Kokosfett kann nicht durch anderes Fett ersetzt werden, da die Masse dann nicht fest genug wird. Servieren Sie einen fruchtig-frischen Obstsalat zum Cheesecake. Der Doppelrahm-Frischkäse kann auch durch Frischkäse mit Joghurt (13 % Fett) ersetzt werden.

SCHOKO-ANANAS-KÄSEKUCHEN

FÜR DEN BODEN:

150 g Zartbitter-Schokolade
25 g Butter oder Margarine
150 g Schokoladen-Reis-Flakes

FÜR DEN BELAG:

10–12 Blatt weiße Gelatine
500 g Magerquark
150 g Ananas-Joghurt
100 g Zucker
1 Pck. Vanillin-Zucker
abgeriebene Schale von
    1 Bio-Zitrone (unbehandelt,
    ungewachst)
2 EL Zitronensaft
430 g Ananasraspel
    (aus der Dose)
200 g Schlagsahne
    (mind. 30 % Fett)

**ZUM VERZIEREN
UND GARNIEREN:**

200 g Schlagsahne
    (mind. 30 % Fett)
1 Pck. Dr. Oetker Sahnesteif
2–3 EL Schokoladen-Reis-Flakes
50 g Zartbitter-Schokolade

INSGESAMT:

E: 124 g, F: 225 g, Kh: 558 g,
kcal: 4799

ZUBEREITUNGSZEIT:

25 Minuten, ohne Kühlzeit

1. Für den Boden Schokolade in Stücke brechen, in einem kleinen Topf im heißen Wasserbad mit Butter oder Margarine bei schwacher Hitze unter Rühren schmelzen. Schokoladen-Reis-Flakes im Blitzhacker fein zerbröseln und unter die Schokoladenmischung rühren.

2. Einen Springformrand (Ø 26 cm) auf eine mit Tortenspitze oder Backpapier belegte Tortenplatte stellen. Die Schokoladen-Reis-Flakes-Masse darin gleichmäßig verteilen und mit einem Löffel fest zu einem Boden andrücken.

3. Den Tortenboden in den Kühlschrank stellen.

4. Für den Belag die Gelatine in kaltem Wasser nach Packungsanleitung einweichen. Quark mit Joghurt, Zucker, Vanillin-Zucker, Zitronenschale und -saft gut verrühren. Ananasraspel mit dem Saft aus der Dose unterrühren. Eingeweichte Gelatine leicht ausdrücken und in einem kleinen Topf bei schwacher Hitze unter Rühren auflösen. Gelatine mit etwa 3 Esslöffeln von der Quark-Ananas-Masse verrühren, dann unter die restliche Quark-Ananas-Masse rühren. In den Kühlschrank stellen.

5. Die Sahne steif schlagen. Wenn die Masse anfängt dicklich zu werden, Sahne unterheben. Die Quarkcreme auf den Schokoladen-Reis-Flakes-Boden geben und schön glatt streichen. Die Torte 1–2 Stunden in den Kühlschrank stellen. Den Springformrand lösen und entfernen.

6. Zum Verzieren und Garnieren Sahne mit Sahnesteif steif schlagen und in einen Spritzbeutel mit Sterntülle füllen. Die Tortenoberfläche mit Sahnetuffs verzieren und mit Schokoladen-Reis-Flakes bestreuen.

7. Zartbitter-Schokolade wie unter Punkt 1 beschrieben schmelzen. In einen Gefrierbeutel füllen, eine kleine Ecke abschneiden und die Tortenoberfläche mit der Schokolade besprenkeln. Die Torte bis zum Servieren in den Kühlschrank stellen.

TIPPS:

Nehmen Sie eine größere Menge Gelatine, wenn Sie die Torte im Sommer zubereiten oder die Torte länger in einer warmen Umgebung steht. Die Torte lässt sich gut vorbereiten und ist im Kühlschrank 2–3 Tage haltbar.

ORANGEN-CHEESECAKE

FÜR DEN BODEN:
50 g gehobelte Mandeln
70 g Butterkekse
80 g Butter oder Margarine

FÜR DIE CREME:
1 Bio-Orange
   (unbehandelt, ungewachst)
6 Blatt weiße Gelatine
2 EL Orangenmarmelade
3 EL Zucker
400 g Doppelrahm-Frischkäse
   (zimmerwarm)
40 g Vollmilch
   Raspelschokolade
300 g Schlagsahne
   (mind. 30 % Fett)

FÜR DEN GUSS
UND ZUM GARNIEREN:
1 Orange
3 Blatt weiße Gelatine
1 EL Zucker
1 EL Vollmilch-
   Raspelschokolade
Orangenfilets von 1 Orange

INSGESAMT:
E: 72 g, F: 328 g, Kh: 240 g,
kcal: 4176

ZUBEREITUNGSZEIT:
35 Minuten, ohne Kühlzeit

1. Für den Boden Mandeln in einer Pfanne ohne Fett unter Wenden goldbraun rösten. Kekse mit den Mandeln in einen Gefrierbeutel geben. Den Beutel fest verschließen. Die Keks-Mandel-Mischung mit einer Teigrolle fein zerbröseln und in eine Rührschüssel geben. Butter oder Margarine zerlassen, zu den Bröseln in die Rührschüssel geben und gut verrühren.

2. Einen Tortenring (Ø etwa 20 cm) auf einen großen Teller (mit Back-papier belegt) stellen. Die Brösel-masse in den Tortenring geben und mit einem Löffel gut zu einem Boden andrücken. Dabei einen etwa 1½ cm hohen Rand formen. Den Boden mindestens 10 Minuten in den Kühlschrank stellen.

3. Für die Creme die Orange heiß abwaschen, abtrocknen und die Schale fein abreiben. Gelatine nach Packungsanleitung einwei-chen, leicht ausdrücken und in einem kleinen Topf bei schwacher Hitze mit der Orangenmarmelade, -schale, dem Zucker und 1 Esslöffel Frischkäse unter Rühren auflösen. Die warme Gelatinemasse mit einem Schneebesen unter den restlichen Frischkäse rühren, an-schließend erkalten lassen. Zuletzt die Raspelschokolade unterheben.

4. Sahne steif schlagen und mit einem Schneebesen unter die Frischkäse-Orangen-Masse heben. Die Masse auf dem Bröselboden verteilen und glatt streichen. Den Cheesecake etwa 1 Stunde in den Kühlschrank stellen.

5. Für den Guss insgesamt 2 Oran-gen (1 Orange von der Creme) halbieren und den Saft auspressen.

6. Gelatine nach Packungsanlei-tung einweichen, leicht ausdrücken und in einem kleinen Topf bei schwacher Hitze mit 2 Esslöffeln Orangensaft und dem Zucker unter Rühren auflösen. Von dem restlichen Orangensaft 160 ml abmessen und unter die Gelatine-masse rühren, erkalten lassen.

7. Die kalte Orangen-Gelatine-Flüssigkeit vorsichtig auf den Cheesecake gießen. Weitere etwa 3 Stunden in den Kühlschrank stellen.

8. Zum Servieren Cheesecake mit einem Messer vom Tortenring lösen. Den Cheesecake auf eine Tortenplatte setzen. Orangen-Cheesecake mit Raspelschokolade und Orangenfilets garnieren.

NOUGAT-KÄSESAHNE-TORTE

FÜR DEN BODEN:

180 g Zwieback
200 g Nuss-Nougat

FÜR DIE KÄSEMASSE:

6 Blatt weiße Gelatine
750 g Magerquark
100 ml Milch
50 g Zucker
100 g Nuss-Nougat
250 g Schlagsahne
   (mind. 30 % Fett)
1 EL Kakaopulver
75 g Zucker

ZUM VERZIEREN:

100 g Nuss-Nougat

INSGESAMT:

E: 154 g, F: 176 g, Kh: 547 g,
kcal: 4488

ZUBEREITUNGSZEIT:

40 Minuten, ohne Kühlzeit

1. Für den Boden Zwieback in einen Gefrierbeutel geben. Den Beutel fest verschließen. Zwieback mit einer Teigrolle fein zerbröseln. Brösel in eine Rührschüssel geben.

2. Nougat in einem kleinen Topf im heißen Wasserbad geschmeidig rühren, zu den Zwiebackbröseln geben und gut verrühren. Einen Springformrand (Ø 28 cm) auf eine mit Tortenspitze oder Backpapier belegte Tortenplatte stellen. Die Bröselmasse darin gleichmäßig verteilen. Mit einem Löffel zu einem Boden andrücken. Den Tortenboden in den Kühlschrank stellen.

3. Für die Käsemasse Gelatine nach Packungsanleitung einweichen. Quark mit Milch und Zucker in einer Schüssel verrühren. Nougat in einem kleinen Topf im heißen Wasserbad geschmeidig rühren und abkühlen lassen.

4. Die eingeweichte Gelatine leicht ausdrücken und in einem kleinen Topf bei schwacher Hitze unter Rühren auflösen. Gelatine mit etwa 3 Esslöffeln von der Quarkmasse verrühren, dann unter die restliche Quarkmasse rühren. Sahne steif schlagen und unterheben.

5. Die Quarkcreme halbieren. Unter die eine Hälfte Nougat und gesiebtes Kakaopulver rühren. Unter die andere Hälfte Zucker rühren. Die dunkle Creme auf dem Bröselboden verteilen und glatt streichen. Die helle Creme daraufgeben und glatt streichen. Mit einer Gabel spiralförmig durchziehen, sodass an der Oberfläche ein Marmormuster entsteht.

6. Die Tortenplatte mit der Torte mehrmals auf die Arbeitsfläche aufklopfen, sodass die Oberfläche wieder glatt wird. Die Torte etwa 3 Stunden in den Kühlschrank stellen. Den Springformrand lösen und entfernen.

7. Zum Verzieren Nuss-Nougat in einem kleinen Topf im heißen Wasserbad geschmeidig rühren. Nougat in einen Gefrierbeutel geben und eine kleine Ecke abschneiden. Den äußeren Rand der Torte nach Belieben mit aufgelöstem Nougat besprenkeln. Nougat fest werden lassen.

WINZERSCHNITTEN

FÜR DEN BODEN:

100 g Zwieback
80 g Butter
½ Pck. Bourbon-Vanille-Zucker

FÜR DIE CREME:

5 Blatt weiße Gelatine
250 g Mascarpone
    (ital. Frischkäse)
250 g Joghurt
1 Pck. Geriebene Zitronenschale
100 g Zucker

FÜR DEN BELAG:

170 g blaue Weintrauben
170 g grüne Weintrauben

FÜR DEN GUSS:

1 Pck. ungezuckerter
    Tortenguss, klar
2 EL Zucker
250 ml Apfelsaft

INSGESAMT:

E: 36 g, F: 184 g, Kh: 316 g,
kcal: 3162

ZUBEREITUNGSZEIT:

35 Minuten, ohne Kühlzeit

1. Für den Boden Zwieback in einen Gefrierbeutel geben. Den Beutel fest verschließen. Zwieback mit einer Teigrolle fein zerbröseln. Die Brösel in eine Schüssel geben.

2. Butter zerlassen. Mit Vanille-Zucker zu den Bröseln geben und gut vermischen. Die Bröselmasse in einer Kastenform (25 x 11 cm, gefettet und so mit Backpapier belegt, dass es an den Seiten übersteht) verteilen und zu einem Boden andrücken. Die Form in den Kühlschrank stellen. Den Boden fest werden lassen.

3. Für die Creme Gelatine nach Packungsanleitung einweichen. Mascarpone, Joghurt, Zitronenschale und Zucker cremig rühren. Gelatine ausdrücken und in einem kleinen Topf bei schwacher Hitze auflösen. 4 Esslöffel der Creme unter die Gelatine rühren. Dann die Gelatinemasse unter die restliche Creme rühren.

4. Die Creme auf den Bröselboden geben und glatt streichen. Mindestens 2 Stunden in den Kühlschrank stellen.

5. Für den Belag Weintrauben heiß abspülen, trocken tupfen, halbieren und entkernen. Die Weintraubenhälften auf der Creme in der Form verteilen.

6. Für den Guss aus Tortengusspulver, Zucker und Apfelsaft nach Packungsanleitung einen Guss zubereiten und auf den Trauben verteilen. Die Form in den Kühlschrank stellen. Den Guss fest werden lassen.

7. Den Kuchen mithilfe des Backpapiers aus der Form heben. Das Backpapier entfernen, den Kuchen auf eine Servierplatte setzen und in Scheiben schneiden.

TIPP:

Anstelle von Weintrauben können Sie auch Erdbeeren, Himbeeren oder Brombeeren verwenden.

REGISTER

IMPRESSUM

Genehmigte Lizenzausgabe für
Weltbild GmbH & Co. KG
Werner-von-Siemens-Str. 1, 86159 Augsburg

Copyright
© 2017 ZS Verlag GmbH
Kaiserstr. 14 b
D-80801 München

Projektleitung: Carola Reich

Lektorat: no:vum, Susanne Noll, Hennef

Nährwertberechnungen: Nutri Service, Hennef,
Angelika Ilies, Langen

Coverfoto: Fotostudio Diercks – Kai Boxhammer,
Thomas Diercks, Christiane Krüger, Hamburg

Foodfotografie:
Walter Cimbal, Hamburg (S. 51, 55, 61)
Fotostudio Diercks – Kai Boxhammer, Thomas
Diercks, Christiane Krüger, Hamburg (S. 4, 9, 13, 15,
17, 21, 27, 29, 31, 33, 35, 45, 49, 53)
Eising Studio Food Photo & Video, München (S. 77)
Ulli Hartmann, Halle/Westfalen (S. 19, 23, 25, 37)
Antje Plewinski, Berlin (S. 11)
Axel Struwe, Bielefeld (S. 7, 39, 41, 43, 47, 57, 59, 63,
65, 67, 69, 70, 73, 75)

Covergestaltung, Satz und Layout:
Büro 18, Friedberg (Bay.)

Lithografie: Jan Russok
Herstellung: Frank Jansen
Druck und Bindung: optimal media GmbH, Röbel

Printed in the EU
978-3-8289-2875-6

2017
Die letzte Jahreszahl gibt die aktuelle Lizenzausgabe
an.
Einkaufen im Internet:
www.weltbild.de